话说
中国

血肉长城（上）

1937年至1945年的中国故事

华强等 著

上海故事会文化传媒有限公司

上海锦绣文章出版社

总顾问：李学勤
总策划：何承伟

本卷顾问：张宪文

主编：熊月之 盛巽昌

正文作者（按卷次先后排列）

《新世纪的曙光》　　廖大伟等
《正义的觉醒》　　　邢建榕等
《血肉长城》　　　　华强等
《命运的决战》　　　叶永烈等

辅文作者（按姓氏笔画排列）

叶永烈 邢建榕 华　强 李　欣
张锡昌 陈　宇 陈华兴 赵晋波
盛巽昌 蒋　松 廖大伟

图片提供

中国国家博物馆、文物出版社、中
国第二历史档案馆、上海市档案
馆、中共一大会址纪念馆、上海宋
庆龄故居纪念馆、上海图书馆、解
放军画报社、北京万千景象图文设
计有限公司、广州集成图像有限公
司、中红网等单位及（按姓氏笔画
排列）
王　雁 王晓岩 叶永烈 邢建榕
华　强 刘　朔 刘永华 江　山
李子青 李国城 肖殿昌 吴蓉蓉
张小红 张锡昌 陈　宇 高洪兴
崔　陟 盛巽昌等

本页长城照片由郑伯庆拍摄

《话说中国》翻开现代史新篇章

昂 扬 激 越 的 时 代 风 貌　　自 强 不 息 的 民 族 精 神

出 版 说 明

〉 早在2009年，《话说中国》现代史4卷本就已出版，作为一个参与其中的出版人，能够躬逢其盛，尽自己的一份绵薄之力，感到由衷的兴奋和自豪。《话说中国》"立足于学术，面向大众"，力图通过科学的、创新的生动内容和具有现代理念的出版样式，形成雅俗共赏、学术性和普及性兼备的历史普及读物。根据这一理念，我们编辑出版了《话说中国》古代史16卷本，得到了专家学者和广大读者的认同，被国家有关部门列入"民族精神史诗出版工程"。中国历史学会会长李文海说："《话说中国》作为一个出版现象，它的创新内容和形式不仅普通读者有用，对专家学者也有启迪。"史学专家葛剑雄教授认为，《话说中国》是广大学生钟爱历史的最好载体之一。2006年4月，国家主席胡锦涛访美，将《话说中国》丛书作为国礼赠送耶鲁大学。《话说中国》古代史系列出版后，累计发行量已达250多万册，码洋近2亿元。它的总销售量即相当于一个中型出版社的全年生产总量，称得上是一个出版奇迹。

〉 学无止境。出版人永不满足的心态促使我们不断鞭策自己，超越自我。《话说中国》古代史系列出版后，我们马上着手编撰现代史4卷本。经过广大专家学者的倾力参与，编辑出版团队的精心配合，现在《话说中国》现代史4卷本终于和广大读者见面了，它们分别是：《新世纪的曙光》（讲述1912-1928年的中国故事）、《正义的觉醒》（讲述1929-1937年的中国故事）、《血肉长城》（讲述1937-1945年的中国故事）和《命运的决战》（讲述1945-1949年的中国故事）。至此，《话说中国》从公元前200万年原始社会开始，一直到1949年新中国的成立，成为一部洋洋20卷的古代史、近现代史兼备的书系。

〉 20世纪上半叶，是中国人民谋求民族独立和人民解放的重要历史时期。在这一过程中，中国既要为争取独立和自由作出巨大的努力和牺牲，又要在短时间里就中国的前途命运作出抉择；既要对中国传统文化的优劣给予评价和扬弃，又要对各种外来思想文化进行咀嚼、吸收和反思，并创造性地加以运用；既要克服两千多年来封建专制体制形成的种种弊端，又要应对西方工业革命以来迅猛发展所带来的严峻挑战；既要抵御帝国主义列强的入侵，维护国家独立和民族尊严，又要在艰苦的战争环境中进行社会生产建设……可以说，中国人在短短几十年间走过了西方国家几百年走过的路。从1911年到1949年这段并不长久的历史，浓缩了关乎中华民族生死存亡的重要历史时期，出现了左右历史和时代的世纪伟人，和一批又一批的人民英雄。这段历史，不仅仅是我们今天走上伟大民族复兴之路的重要前奏曲，更以史实告诉着世人一条颠扑不破的真理：没有共产党就没有新中国！

> 400余则经典故事，全面展示中国现代史昂扬激荡的生动轨迹。《话说中国》以故事体文本为特色，记住一段故事，就记住一段历史，记住故事里的人，也就记住故事的魂。历史的真实，科学的表述，仰仗故事叙述的曲折生动、起起伏伏来完美再现。连国外的同行都惊叹："想不到中国历史书也可以写得这样生动有趣。"

> 1500余幅细腻反映社会风貌的生动图片，立体再现时代的风云变幻。《话说中国》以图识史，给人"百闻不如一见"的感觉。现代史4卷本更是汇集了大量珍贵稀见的图档照片，涵盖政治、经济、军事、文化、社会生活、科技等各方面面，在图片征集过程中，得到了图片权威机构、档案馆、博物馆、各类媒体以及个人收藏者的慨然相助。

> 为适应今天读者的阅读习惯，《话说中国》这套将近6000面的书，竟然创造了可以从任何一个页面读起的奇迹，每个页面都是一个相对独立的图文知识体系。它不是通常意义的历史读物，更像杂志书，是一部融杂志、图书、网络样式于一体的具有多种便捷实用检索功能的中国历史百科全书。故事、图片和知识信息，绵延不断，经纬交织，共同构成了中华文明史的绚丽画卷。其中离我们当代最为接近的民国时期，浓缩了众多信息，是最值得我们去回顾、去总结、去反思的极为重要的历史阶段。

> 从2009年到现在已经有四年的光景了，《话说中国》丛书二十卷全部出版完毕。这些年来，《话说中国》丛书受到了社会各界广泛的关注，获得了众多奖项和多方的赞誉，为此我们十分欣慰。这几年间不断有热心人提出建议，建议我们把书出得更普及一些，让每一所学校，每一座图书馆，甚至每一个家庭都能拥有一套《话说中国》丛书。为此，我们决定这次再版时做一些改动：原版二十卷书去掉索引卷，将其他十九卷拆分成三十六卷重新出版，基本上是一本分成两本。这样既细化了这套丛书，又使得每册不至于太厚太重，便于读者阅读，定价不涨反落。我相信这种形式会受到广大读者的喜爱。

> 丛书改版的过程貌似简单，实则不易，相关编辑人员都付出了巨大的辛苦和努力。在这套书系改版完成行将付梓之时，翻阅着洋洋三十六卷的大书，透过阵阵的墨香，看着字里行间的每一个故事、每一张图片，为自己能参与《话说中国》的编辑出版工作而感到高兴，更为我们伟大的中华民族而骄傲，为作为一个中国人而骄傲。

一个风云变幻的大变动时代

中国近现代史专家　上海社会科学院研究员　熊月之

> 中华民国作为一个历史时代，上接清朝，下连中华人民共和国，从1912年至1949年，首尾三十八年。这不是此前《话说中国》丛书所描述的汉、唐、明、清那样普通意义上的朝代，因为其不是一姓之天下，其寿命也远比一般朝代为短，还比不上元朝，但是，其内蕴相当丰富，故事出奇精彩，意义极其重大，可圈可点、可惊可叹、可歌可泣的事如繁星满天。

> 这一历史时代，从法统上说，分为两个时期：一、北京政府时期（1912－1927）；二、国民政府时期（1927－1949）。与以往朝代最大的不同，这一时代的政治架构是按照近代西方行政、立法、司法三权分立的原则设计出来的，不是权力不受制约、世袭罔替的君主专制，是民国不是帝制。

> 这是一个风云多变、战火频起、多种政治力量不断分化组合的大变动时代。

> 1912年元旦，孙中山在南京就任临时大总统，宣告中华民国成立。这是中国也是亚洲历史上第一个资产阶级共和国。历时二百六十八年的清朝统治至此结束，绵延两千多年的专制帝国至此终结，中国政治历史从此翻开新的一页。

总序一

> 1912年4月，由于众多因素的综合作用，前清重臣袁世凯获得政权，就任大总统，定都北京。此后四年间，他外倚西方列强的支持，内靠纵横捭阖的手段，软硬兼施，由临时总统而正式总统，由内阁制而总统制，由任期总统而终身总统，逐步将权力集中到自己手中。1916年元旦，改元为洪宪元年，恢复帝制。结果，无论是先前反对他的人还是先前赞成他的人，都站到了他的对立面，讨伐声浪汹涌澎湃，遍于域中。袁世凯于3月22日被迫取消帝制，随后于6月6日在羞辱与忧愤中死去。

> 一个军政强人的突然消失，留下了一大片权力空间，接下来是长期的权力争夺与军阀割据。袁世凯死后，北洋军阀分裂为皖、直、奉三大派系，此外还有山西晋系阎锡山，徐州一带张勋的定武军，西南滇系唐继尧、桂系陆荣廷等。从1916年到1927年，从北国到南疆，从沿海到内地，各路军阀相互拼杀，虎噬鲸吞。1927年4月18日，国民政府在南京成立。此后，中国政治中心从北方移到了南方。

> 自1927年至1937年，中国一直受到外患与内争两个方面的困扰。外患主要是日本的侵略。内争主要来自三个方面，一是国民党内部不同派系之间的倾轧与斗争，二是来自"新军阀"的挑战，包括李宗仁和李济深的桂系、冯玉祥在华北的"国民军"、张学良在东北的势力、阎锡山在山西的势力等；三是国民党与共产党之间的斗争。内争与外患时常交织在一起，不同政治力量之间的消长分合也时有变化。四一二事变以后，大批共产党员和工农群众遭到杀害。共产党先后发动南昌起义、秋收起义、广州起义，建立工农红军，进行武装斗争。从1930年至1934年，蒋介石先后发动五次针对红军的"围剿"，前四次均被击败。第五次，红军失却在江西的根据地，被迫长征北上。1936年12月12日，张学良与杨虎城发动西安事变，将实行"攘外必先安内"政策的蒋介石囚禁起来。在中国共产党的斡旋下，蒋介石获释，被迫接受停止内战、共同抗日的要求。

> 1937年7月7日，日本帝国主义发动卢沟桥事变，中国军队奋起抗击，为期八年的抗日战争

从此开始。1945年8月15日，抗战胜利，日本政府宣布无条件投降。此后，国民党又发动内战。经过三年多浴血奋战，共产党领导的人民军队击溃国民党军队，蒋介石退守台湾。1949年10月1日，中华人民共和国宣告成立。中国历史由此翻开新的一页。

› 这是中国遭受空前外患、民族精神淬火升华的特殊时代。

› 日本帝国主义在1931年策动"九一八"事变，占领东北三省，1935年制造华北事变，1937年7月7日发动卢沟桥事变，以后全面侵华。

› 国难当前，中国人民奋起抵抗。尽管中国国力远逊于日本，工业总产值只有日本的三分之一，军事方面除了陆军人数比日本稍多，海军、空军与日本之比，分别是一比八与一比十三，武器装备更为落后，但是，中国人民不畏强暴，进行了气壮山河的殊死斗争，万众一心，众志成城，地不分南北，人不分老少、民族、阶级，同仇敌忾，共赴国难，长城内外，大江南北，到处燃起抗日的烽火。国共两党领导的抗日军队，分别担负着正面战场和敌后战场的作战任务。正面战场组织的一系列大仗，包括淞沪、忻口、徐州、武汉等战役，予日军以重创。敌后战场的广大军民，开展游击战争，八路军、新四军、华南游击队、东北抗日联军和其他抗日武装力量，四处出击，奋勇作战。平型关大捷打破了"日军不可战胜"的神话，百团大战振奋了人民争取胜利的信心。万千中华儿女，面对敌人的炮火勇往直前，面对死亡的威胁义无反顾，以血肉之躯筑起钢铁长城，谱写了惊天地、泣鬼神的壮丽史诗。

› 艰难困苦，玉汝于成。经过艰苦卓绝的抗战，中国人民终于彻底打败了日本侵略者。这是自鸦片战争以来中国反抗外敌入侵第一次取得完全胜利的民族解放战争。绵延久远的中华民族精神经此磨炼淬火，得到了空前的升华。

› 这是中国在外交方面有一定改善、经济有一定发展、思想文化有不俗表现的特殊时代。

› 思想文化方面，这三十八年是大放异彩的时代，在中国历史上，只有春秋战国时期庶几近之。无论是北洋军阀、各地军阀，还是设在南京或重庆的国民政府，都无法绝对有效地控制大学、报纸、期刊与出版业，无法完全控制新文化、新思想的传播，这造成了有利于思想交锋、学术争鸣与文化繁荣的特殊环境。之所以有那么多党派活动，有那么多思潮、学派产生、争鸣，五四新文化运动之所以那么激荡磅礴，马克思主义之所以能够广泛传播，中国共产党之所以能够成立，都与这个特殊环境有关。具体文化门类方面，有许多相当突出的成就：文学创作方面的鲁迅、郭沫若、巴金、老舍与茅盾，语言学方面的赵元任，史学方面的王国维、梁启超、陈寅恪、陈垣、董作宾、李济、顾颉刚与钱穆，哲学方面的胡适、冯友兰、金岳霖、汤用彤、贺麟，社会学方面的吴景超、潘光旦、费孝通，教育方面的蔡元培、梅贻琦、张伯苓，绘画方面的徐悲鸿、张大千、齐白石、丰子恺、黄宾虹，音乐方面的黎锦晖、聂耳、冼星海，电影方面的蔡楚生、阮玲玉、金焰、胡蝶，戏剧方面的田汉、曹禺，数学方面的陈省身、华罗庚、苏步青，物理学方面的吴有训、叶企孙、严济慈，地质学方面的李四光，气象学方面的竺可桢，造桥方面的茅以升，冶炼方面的周仁，化工方面的侯德榜……均各领风骚，独步一时，如山花烂漫，云蒸霞蔚。

› 国民政府在外交方面进行了一些努力。经过谈判，中国相继与众列强签订新的关税协定，实现了关税自主；1943年，中国收回了所有租界。一战以后，中国民族工商业得到一定的发展，电话、电讯等先进设备开始进入普通人的生活。

› 总之，这是去今不远、对今天仍有深刻影响的特殊时代，是一个历时虽短但内涵丰富、色泽斑斓、可以从许多角度反复解读的非常时代。

现代中国三十八年

上海社会科学院研究员　盛巽昌

> 历史是人的历史，所有的人都参与历史的创造。

> 现代中国史和我们关联极大。我们的前辈历经艰难困苦，走过了那段艰苦的岁月。今天的人们正追寻他们的足迹，从中解剖、分析、汲取知识、智慧和启示，获得成长和进步的经验。后来者总是站在前人的脊梁上创造、前进，这样就更聪明、高大了。

> 这段现代中国史就是，从辛亥革命中华民国创建，成长、衰败、崩溃，到中华人民共和国成立的三十八年历史。

> 三十八年在中国悠久历史长河里只不过是条微不足道的小溪。中华五千年文明史丰富灿烂，在这块肥沃的大地上出现过万千个可歌可泣、可悲可叹的人和事，可哪朝哪代能与现代中国三十八年相提并论呢？在这短暂的艰辛岁月里，它所创造的奇迹，完成的功勋，承负的重担，焦劳困苦，竭蹶时形，那是过去任何一个时代、一个世纪，甚至十几个世纪的总和也难以比拟的。中华民族到了最危险的时候，光明与黑暗，统一与分裂，正义与邪恶，和平与战争，前进与倒退的变奏，伟大与卑劣，庄严与丑恶，英雄与屠夫，巨人与侏儒的共存，织就了现代中国三十八年一幅悲壮、慷慨，足以传承子孙百代的永垂不朽的画卷。这段历史承前启后，永远是中华民族的瑰宝，是产生于特定时空而又能超越时空，藏诸名山传之后世的中华文明。这也是中国人对世界的极大贡献，为世界文明史写下光辉灿烂的篇章。

> 读历史，更要读现代史。

> 鸦片战争后，开眼看世界的中国人，惊呼遇到了"数千年来未有之变局"。现代史三十八年里，国人处变局之中奋发图强，找寻救国救民之路。今天的中国，正处于民族复兴千载难逢的历史机遇期。中国关心全球，全球聚焦中国。这就需要我们爬梳、解读、认识、重温那段历史引发的情感和文字，找回失落许久的民族自尊、自信、自爱和自强的民族本色。忆往昔，峥嵘岁月稠。孙中山等辛亥革命志士前赴后继，结束了几千年封建王朝，剪去了象征大清帝国的辫子。以毛泽东为代表的共产党人，抓住中国革命的农民问题，提出了指导中国革命的科学理论，进行了土地革命，后来又在两个命运的决战中，建立了人民共和国。革命尚未成功，同志仍须努力。我们正在做我们前人从未做过的事业，我们的目的要达到，我们的目的一定能达到。这些出现在现代中国史上的伟大豪言壮语，至今读来仍虎虎生风，激励人们奋发有为，自强不息。

> 三十八年历史莽莽苍苍。

> 它是中华五千年历史长河最大的曲折处。几千年的道德、文化，乃至生产、生活方式，此时

此刻遭到从未有过的冲击、涤荡。除旧布新。一个划时代的倡导社会新风尚的观念变换出现了，实行男女平等，尊重人格和废除种种陋习，一浪高过一浪；中华大地也出现了自己民族的工业和著名企业，也有了现代色彩的城市；建立新的文化教育机构，有整套从小学到大学、甚至出国留学的学校教育制度；中国的科学研究，工程技术在进步，其中若干还因为广大民众包括企业家、科学家和各个领域的文化精英，奋发图强，达到了世界先进水平。在风雨如磐，鸡鸣不已的岁月里，中国人抬起胸膛，开始站起来，屹立在高山之巅。

> 现代中国参加了两次世界大战，加入了许多重要的国际性组织，对于我们今天而言，这些经历或者是宝贵的财富，或成为前车之鉴，后事之师。

> 尤其是第二次世界大战。

> 这是一次空前绝后，关系全人类命运的反法西斯战争。中国人民为挽救民族危亡，自1931年始，包括全面抗战八年总计十四年，在正面战场和敌后战场，同仇敌忾，众志成城，打败了日本军国主义，把它完全、彻底地赶出了中国，取得民族独立和自由。战争教育了人们，人们也赢得了战争。中国人参加包括抗日战争的世界大战所付出的历史代价是巨大的，但也启发了民智，获得了全世界的尊重。其功绩与山河并在，与日月同辉。深刻地反思过去，正确地认识现在和理智地瞻望未来，那就应该学些历史，包括现代史知识。从学习中不断深化认识我们民族是一个伟大的民族，历经战争等种种磨难，她没有瓦解，没有沉沦，反而是经过时间的洗礼，更加成熟了。

> 现代中国史是一本好的教科书。虽然已属过去，而且渐行渐远，可是有时却感到很近很近。那些历历在目的英豪，惊天动地的大事，激励后人要学习学习再学习。意大利学者哥尔多尼说得好："世界是本美丽的书，但对不能阅读它的人几乎不起作用。"诚哉斯言，可为座右铭。

> 鉴于此因，本书以八卷本的巨大篇幅，按三十八年的历史顺序，层层紧扣，采用《话说中国》固有的故事写作样式，图文并茂，辞理并重，展示于众。

> 现代中国史丰富多彩，五色缤纷。这里只能是择其部分，以故事叙述的样式，展示三十八年民国春秋。"轻舟载得春多少，无数飞红到桨边"。庶其能从丰富灿烂的中华文明史殿堂，通过写作者的手笔，编辑者群体的通力合作，为海内外各个层次的读者，送上这部蕴含亮丽、鲜活的书卷。在阅读中增添兴趣，在兴趣里深化阅读。路漫漫，阅读如行路，走不尽的路，读不完的书，半个世纪前有个哲人曾经说过：人类还是处在幼年时代，人类今后要走的路，不知要比现在长远多少倍。但愿本书长行万里，传诸万千人家，能为广大读者欢喜。

出版说明

《话说中国》翻开现代史新篇章　004

何承伟

一位从事出版工作三十余年的资深编辑对出版创新的领悟和尝试

总序

一个风云变幻的大变动时代　006

熊月之

中国近现代史专家经典解析民国时期的风云变幻

现代中国三十八年　008

盛巽昌

知名学者纵论现代史三十八年

专家导言　012

张宪文

民国史专家谈其对抗日战争时期历史的最具心得的研究精华

把中国历史的秀美景致尽收眼底　014

本书导读示意图

前言　018

公元1937年至公元1945年

中华民族构筑血肉长城，抗日御侮的时代——抗日战争时期

华强

长江、长城、黄山、黄河，在中国人民的心中重千斤，中华儿女以澎湃的热血、以坚实的胸膛，以血肉的躯体，捍卫了中华民族的尊严。

○○一　卢沟桥事变　026

卢沟桥的枪声，点燃了全民抗战的烈火

○○二　郭沫若投笔请缨　029

郭沫若别妻弃子，毅然归国

○○三　雨中阅兵　032

红军誓师黄河渡，兄弟携手御强虏

○○四　血战宝山城　034

马革裹尸，子青营万古流芳

○○五　袭击日舰"出云"号　037

壮士出征，洒碧血重创顽凶

○○六　首次击落日机　040

铁翼鹰扬，飞将屡建奇功

○○七　"空军勇士"　043

视死如归，长天再现荆轲

○○八　黄濬通敌　046

中国政府官员中的少数败类被日寇收买

○○九　50毫克镭　049

延续科学血脉，赵忠尧居功至伟

○一○　平型关大捷　051

铁流东进，初撄敌锋

○一一　四行孤军　053

八百壮士守四行，铁血奋争民族光

○一二　梅花镇抗日誓师　056

大军南撤，吕正操独撑危局

○一三　郝梦龄魂断忻口　058

殒于阵前，垂青史无愧将星

○一四　奇袭阳明堡　061

步兵打飞机，军史传伟绩

○一五　雁门关伏击战　064
虎啸雁门,英雄团痛歼顽敌

○一六　七亘村两捷　066
打破常规,刘伯承捷报连环

○一七　蒙旗独立旅　068
历尽挫折,蒙旗独立旅成长壮大,杀敌报国

○一八　叶挺出山　070
立马横刀,北伐名将重披甲

○一九　茅以升炸桥　073
设计师亲自部署炸桥,茅以升悲哉壮哉

○二○　保卫南京　075
殊死奋争,铁蹄下犹有英雄

○二一　"铁狮将军"周保中　078
南国英雄,驰骋白山黑水

○二二　枪毙韩复榘　081
国难当头,长腿将军难逃一死

○二三　邓小平在太行山　083
邓小平主政爱民,善待远宾

○二四　文化人的长征　086
三千里征途,拳拳赤子之心

○二五　四川省主席之争　088
蒋公自有锦囊计,收起乾坤不放闲

○二六　徐悲鸿南洋卖画　090
画笔做武器,画布好战场

○二七　任弼时在莫斯科　093
远赴苏京,巧妙周旋

○二八　白求恩鞠躬尽瘁　096
妙手仁心,诠释伟大的国际主义精神

○二九　南洋女侠血洒雁北　099
血沃英雄花,开遍晋高原

○三○　韦岗初战试啼声　101
镇江城下初遭遇,脱手斩得小楼兰

○三一　陈毅上茅山　104
挺进敌后,陈毅尽显风流

○三二　周作人失节附敌　108
泉下有知,鲁迅先生将作何春秋笔法

○三三　血战台儿庄　110
谁振长缨,李帅宗仁

○三四　蒋经国在赣南　114
"太子"下乡,气象一新

○三五　邓拓办报　116
以笔为枪,胜过三千毛瑟

○三六　纸片轰炸　118
以德胜暴,堪称创举

○三七　陈垣与辅仁大学　121
拒不易帜,辅仁大学精神不倒

○三八　开采玉门油矿　123
兄弟携手,开发玉门

○三九　花园口以水代兵　125
黄水无情,顷刻间涂炭生灵

○四○　抗日旅行团　128
救国图强,童子争先

○四一　武汉大空战　131
中苏雄鹰傲长空,倭寇铁鸦烟尘生

○四二　毛泽东写《论持久战》　134
弯弓射日,须作持久战

○四三　田汉组建救亡演剧队　137
大家持金戈,笔下山河壮

○四四　万家岭布天网　139
巍巍峻岭,铸就倭寇坟墓

○四五　不沉的中山舰　142
英烈沉江,伟节不死

○四六　陈嘉庚与滇缅公路　145
海外赤子,丹心报国

○四七　八女投江　147
乌斯浑河波涛滚滚,烈士壮举浩气长存

○四八　僧侣游击队　150
上马杀贼,下马学佛

○四九　汪精卫卖身投敌　152
助纣为虐,生前身后难消千古骂名

○五○　极司菲尔路76号　155
一座普通住宅,实为人间地狱

聚焦:1937年至1945年的中国　158

专家导言

南京大学中华民国史研究中心主任
中国现代史学会名誉会长

张宪文

> 鸦片战争，西方列强用武力轰开中国长期闭关自守的大门。他们连续采用战争和其他残酷手段，抢掠中国的土地、资源和各种财富。一次次的反侵略战争，其中包括甲午中日第一次战争，中国都以失败而告终。1931年爆发了中日第二次战争。这次战争由于中国人民团结一致，同仇敌忾，持久奋战，终于取得了近代中国首次反抗外侮的伟大胜利，谱写了中国人民反帝事业最辉煌的篇章。

> 抗日战争经历了漫长的十四个年头。它依照战争变化划分为两大阶段。第一阶段，通常称为局部抗战阶段。它由1931年九一八事变发生，到1937年七七卢沟桥事变前。这时期中国军队与日本侵略者主要对抗于关东白山黑水和华北长城内外。第二阶段，称之为全面抗战阶段。它由1937年七七卢沟桥事变，到1945年8月抗日战争胜利。这时期战火已经延烧到中国辽阔的山地平原、黄河和长江南北。日军铁蹄踏遍了华北、华东、华南和中原腹地。中国的亡国灭种危机更加严重。

> 中国人民不分男女老少，各党派团体，纷纷起来抗击日本侵略者。

> 抗日战争，是在中国共产党抗日民族统一战线的旗帜指引下，以国共两党合作为基础的，有各民族、各阶级、各政府团体、工农商学兵、海外华侨共同参加的反抗日本侵略者的民族战争。

> 抗日战争，自然形成了两个作战战场，即正面战场和敌后战场。早期，中共领导的八路军，在华北正面战场有效地配合了国民党军对日作战，后来转入敌后，开辟了抗日根据地。在敌后战场，国民党军也建立了苏鲁战区和冀察战区。国共两党两军都奋勇作战，浴血抗击日本侵略者，许多战役战斗载入史册，令国人至今难以忘怀。例如，正面战场的八一三淞沪会战、山西忻口会战、南京保卫战、山东台儿庄血战、武汉会战、浙赣战役、三次长沙会战、衡阳会战等等；敌后战场上，如振奋人心的平型关大捷、横扫华北日军的百团大战、八路军奇袭阳明堡机场以及东北抗联等广泛活跃在敌后的八路军和新四军游击队、武工队。英勇的中国两党两军将士，奋不顾身，不怕牺牲，坚决抗击日军，表现了无数可泣可歌的英雄事迹。大批为保卫国土而献出宝贵生命的两党将士，都值得我们歌颂和纪念。他们中间著名的如郝梦龄、张自忠、戴安澜、左权等将领，是中华民族的优秀儿女、英雄和骄傲。

> 日本侵华战争，导致中国出现了三个不同的区域。即由战时国民政府直接管辖的西

南、西北地区，由中共在敌后开辟的抗日根据地及在日军占领下的我国沦陷区。在这些地区，广大人民群众、各行各业，以不同的方式，和日本侵略者展开殊死的斗争。有些民众团体组织战地服务团、救护队，奔赴抗日前线，救护伤员和慰劳钢铁般的中国战士。有的拿起笔，口诛笔伐日军暴行，有的以嘹亮歌声激励军民斗志，更有的以话剧或活报剧形式，深刻而形象地揭露日军在中国犯下的种种罪行。海外华侨远离祖国，心系祖国。在祖国危难时刻，他们不仅纷纷捐款，支援抗战，更有的毅然返回祖国，直接加入战斗行列，为保卫国家作出了贡献。在沦陷区日军水深火热的统治下，中国人民与日军进行了艰苦卓绝的斗争。铁道游击队、地道战、地雷战，都是敌后军民和沦陷区民众的战斗杰作。它使侵华日军昼夜处于恐慌之中。

> 中国的抗日战争，是反对日本帝国主义的正义事业，毫无疑义，它得到了世界各国爱好和平的国家和人民的强烈支持。早期，苏联政府坚决支持中国的抗日战争，并派出空军航空队来华直接参加对日作战。美国政府在一个较长的时期内，对日本发动对华战争采取骑墙政策和中立态度。甚至还向日本销售军事战略物资。1941年12月，日军偷袭美国珍珠港海军基地，致使美国海军舰艇遭受极为惨重的损失。太平洋战争由此爆发，美国也向日本宣战。正是由于日本向美国挑起战火，美国也改变了对中国抗战的暧昧态度，坚决站在中国一方，并成为中国抗日战争的同盟者。当日军由海上和中国南下，在东南亚地区发动战争后，中国派出远征军入缅甸作战，在极端艰苦条件下，作出重大牺牲，直接配合了英美盟军作战。中国人民为世界反法西斯战争作出了贡献。中国抗日战争成为世界反法西斯战争的组成部分。

> 抗日战争，是中国历史的重要转折时期。日本侵华战争给中国人民的生命财富造成严重损失，使中国的经济社会发展受到重大挫折。曾几何时，中国人被西方人讥之为"一盘散沙"、"东亚病夫"。伟大的抗日战争，增强了中国人民的民族意识和信心，加强了民族凝聚力，使人们捐弃各种前嫌，团结一致，共同御侮。

> 抗日战争的胜利，是中国人民持久抗战的必然结果。日本是强国，但却以小国欺凌大国中国；日本资源贫乏，长期战争消耗，其走向失败也是历史给予的惩罚。两颗原子弹，只是加速了日本战败的进程。

> 本书以抗战时期发生的众多历史事件、历史人物为背景，以丰富的历史事实，从新的视角，展现历史的必然走向，给人们以新的认识和启迪。这是值得称赞的学术尝试。

本书导读示意图

《话说中国》作为融故事体的文本阅读、精彩细腻的图片鉴赏于一体的中国历史百科全书，其中包含着无数令人神往的中国历史的秀美景致，它们经纬交织，互为表里，形成了中华民族上下五千年的灿烂文明。

如同游览名山大川离不开导游和地图的指点，通过以下图例的导读提示，读者定能够尽兴饱览祖国历史美景，流连忘返。

随时感受历史文化的魅力与编纂创意的匠心

整个版面构成充分体现出本书以故事体文本为主体的特点，体现出本书作为历史百科全书的知识信息密集、图文并重的特点，使读者在本书任何一个页面上，都能感受到历史文化的魅力与编纂创意的匠心。

导读、段落标题与编号，
能更好地理解故事精髓，更好地运用故事

为了更好地理解故事，在实际学习生活中运用故事，本书在故事体文本中，特地为读者准备了故事导读、故事段落标题与故事编号等三个重要内容。故事导读是概述故事精要，它与故事段落标题，都是为了让读者更好地理解故事的精髓，同时让读者以一种轻松便捷的方式快速获得文本重要信息。

人物和关键词具有很大信息量和实用性

在每一则故事中，都含有故事核心内容（即故事内核）、故事人物等基本要素。本书将此提炼出来，标注在每则故事的右上角（加上故事来源），使之具有很大的信息量和实用性。

建构多元、密集的知识性信息，
构成了全书另一个重要组成部分

以密集的信息，弥补故事叙述中知识点不足的局限，从而使故事的感性冲击力与历史知识的理性总结达成高度的统一。它让读者既见树木，又见森林；既享受了故事所带来的审美快感，同时又能寻绎历史的大智慧。如"中国大事记""世界大事记""历史文化百科"和图片说明文字等专栏中的有关内容，都是经过精心选择的练达的知识板块，既是历史知识的精华，又是广泛体现"活"的历史，体现当时社会人生百态，体现当时寻常百姓的寻常生活。

再现历史现实的图片系统

图片内容涵盖面广泛，能够深入再现历史现实，观赏效果细腻独到，立体凸现了每一不同历史时期社会生活各方面的发展变化。透过生动的"图片里面的故事"，可以体味其中蕴涵着的深刻内容，堪称是历史文化的全息图像。

《话说中国》以精美绝伦的文字和图片，将中华民族最可宝贵的民族精神和生生不息的文化传统，演绎得生动而传神。看了这张导读图，你就开始一程赏心悦目的中国历史文化之旅吧。

故事标题。

故事编号：与"人物""关键词"等相联系。

中国大事记　公　元　1937　年

7月8日凌晨，日军以一名士兵失踪为由，悍然对我29军据守的卢沟桥发动进攻，中国军队奋起抵抗，抗日战争全面爆发。

卢沟桥事变

卢沟桥的枪声，点燃了中国全面抗战的熊熊烈火。睡狮怒醒，中华民族被迫着发出最后的吼声！

自"九一八"事变后，日本以东北为根据地，逐步南侵，蚕食中国领土。至1937年，华北地区平津一线已经成为我国国防前哨。中华民族到了最危险的时候，七七事变一声枪响，伟大的抗日战争全面爆发了。

早有预谋

日本继"九一八"侵占中国东北后，就把目标指向华北，日军认为：只要拿下北平，其余地方就会不战而降。卢沟桥事变前夕，除了卢沟桥地区仍由中国军29军驻守，日军对北平已形成三面包围之势。

卢沟桥，横跨永定河，距北平西南约15公里，自古就是出入北平的要道。进入20世纪，大动脉平汉铁路建成后，卢沟桥及其北面的铁桥便成了联结华北与华中的咽喉，与丰台构成北平门户。因此，一旦日军占领卢沟桥，不仅与丰台形成掎角，使丰台日本驻军无后顾之忧，而且将切断平汉铁路，使北平变成一座孤立无援的死城。

西安事变之后，国共两党开始和谈。日本急了，先是企图利诱第29军军长宋哲元搞华北自治，脱离南京国民

赵登禹（左上图）、佟麟阁（右上图）
卢沟桥——七七事变的见证者（下图）

故事段落标题：揭示本段故事主题，具有阅读提示和增加阅读悬念的作用。

中国大事记：以每卷所在历史年代为起止，精选与故事相应相近年代的中国历史文化重大事件，以此体现中国历史发展的基本脉络。

故事导读：概述故事精要，更好地理解故事精髓。

世界大事记：以中国大事记为参照，摘选相应年代的世界各国历史文化重大事件，以此体现本书"世界性"的理念。

人物、关键词、资料来源：将故事的人物、关键词提炼出来，标注于此（加上故事来源），使之具有很大的信息量和实用性。

以直观的表格形式，便于读者对分散信息作系统的查考。

图片说明文字：深入揭示图片"背后"的历史文化内涵，读完这些文字，就会对图片有新的发现和新的认识。

历史文化百科：是精选的历史文化百科知识，分别涉及政治、经济、文化、科技等十余个知识领域。

图片：涵盖面广泛，能够深入再现历史现实。纵观整套书的图片，又分别构成了一个个独立的专门图史。

公 元 1 9 3 7 年

世界大事记　4月1日，英国实行"印缅分治"，缅甸成为英直属殖民地(1937—1947)。巴赢任总理(1937—1939)。

高鹏（《中国抗战史》）
卢沟桥　抗战　抗日　一枪未发　七七事变　宛平城　阴谋　救亡
刘绍章　牟田口廉雄　赵登禹　吉星文　松井太久郎

人物　关键词　资料来源

政府，结果没有得逞，接着又从军事上步步进逼，尤其从1937年5月起，频繁地在宛平卢沟桥附近进行挑衅性军事演习，就在卢沟桥事变发生前一个月，东京就已经在盛传："七夕之夜，华北将重演柳条沟(湖)一样的事件。"果不其然，7月7日卢沟桥事变发生。

七七之夜

1937年7月7日19时30分，驻丰台日军第1联队第8中队擅自在中国守军驻地回龙庙、大瓦窑之间，举行以卢沟桥为假想攻击目标的挑衅性军事演习。22时左右，在卢沟桥旁的宛平县城东北方向突然响起枪声，城内中国守军立即加强戒备，严密注意日军动态。24时许，日本驻北平特务机关长松井太久郎电话通知中国冀察当局：日军演习一中队，夜间在卢沟桥演习时好像听见宛平城内传来枪响，导致演习部队一时呈混乱现象，并失踪了一名士兵，因此要进入宛平城搜查。

中国冀察当局对此无理要求断然拒绝，答复说：卢沟桥是中国领土，日本军事前未得我方同意在该地演习，

已违背国际公约，妨害我国主权，走失士兵我方不能负责，日方更不得进城检查。事实上，那名下落不明的日军士兵不久就归队了，宛平城内中国守军也未发一枪一弹。

7月8日凌晨2时，双方同意前往调查。5时左右，双方尚在交涉中，日军即下令向卢沟桥一带的中国军队发动攻击，并炮轰宛平县城，中国守军第29军第219团官兵

"卢沟晓月"碑（上图）
中国守军在卢沟桥抗敌（下图）
七七事变后，面对寇居的嚣张气焰，中国守军第29军奋起抵抗，图为我29军官兵借卢沟桥有利地形奋起射击。

历史文化百科

庐山谈话会

1937年7月至8月，国民政府在庐山召开各党各派、各界名流参加的"庐山谈话会"，共同商讨国事。时在卢山与国民党进行合作抗日第四轮谈判的周恩来、秦邦宪、林伯渠参加了谈话会。

7月17日，谈话会召开的第二天，蒋介石正式发表《抗战宣言》，拉开了伟大的全民族抗战的序幕。他说："最后关头一到，我们只有牺牲到底，抗战到底，唯有'牺牲到底'的决心才能博得最后的胜利。"对此，毛泽东指出：《抗战宣言》确定了准备抗战的方针，为国民党多年以来在对外问题上的第一次正确的宣言。

1937年 〉 〉 〉 〉 1945年

前言

公元1937年至公元1945年
中华民族构筑血肉长城，抗日御侮的时代
抗日战争时期

中国人民解放军南京政治学院上海分院大校、教授、博士生导师 华强

抗日保中华，雪洗百年耻 〉 每当鲜艳的五星红旗冉冉升起，中华人民共和国国歌庄严奏响的时刻，我们不由自主地想起中华民族在"最危险的时候"，亿万中国人民"被迫着发出最后的吼声"，同仇敌忾，抗击日寇，"用我们的血肉筑成我们新的长城"。〉居安思危，我们永远难忘抗战的烽火！70多年前，日本侵略者在中国卢沟桥打响的第一枪，震醒了和平的中国人民。从此，地无分东西南北，人无分男女老少，人人都生爱国之心，个个皆有守土之职。从白山黑水到长城内外，从黄河上下到大江南北，中华民族掀起了空前伟大的抗日战争。〉这一场抗日战争有三个特点：一是大敌当前，国共两党不计前嫌，再次携手共赴国难，赢得了世界人民的赞叹；二是战争之惨烈、时间之长久、损失之巨大，在中国历史上是空前的；同时，中国军人之英勇、中国民众之抗争、世界人民之支持，在中国历史上也是空前的；三是中国抗日战争是世界反法西斯战争的组成部分，中国人民近百年来取得的第一次反侵略战争的胜利，改变了中国在世界的形象，确立了中国世界大国的地位。〉中国人民进行了8年艰苦卓绝的抗战，而中日两国学术界有愈来愈多的人认为，这是一场持续了14年之久的中日战争。1931年柳条湖的枪声实际上已经揭开了中日战争的序幕。

国共两党共赴国难 〉 日本帝国主义自1931年侵占中国东北后，1935年制造华北事变，中华民族面临亡国绝种的严重危机。历史的发展，向中国人民提出了停止内战、枪口对外、团结一心、共赴国难的神圣任务。以救国救民为己任的中国共产党在中华民族危机空前严重的情况下，尽弃前嫌，顺应历史潮流，发出了"停止内战，一致抗日"的口号。中国共产党及时调整国内阶级关系的一系列政策，制定了抗日民族统一战线的方针。〉1936年西安事变和平解决，为抗日民族统一战线的建立创造了前提。1937年2月，中国共产党提出五项要求、四项保证，迫使国民党在实际上接受了我党关于国共合作、共同抗日的主张，标志抗日民族统一战线初步形成。〉1937年卢沟桥事变后，国民党政府宣布抗日。9月22日，国民党公布了《中国共产党为公布国共合作宣言》。次日，蒋介石发表了事实上承认中国共产党合法地位的谈话，以国共两党合作作为基础的抗日民族统一战线正式建立。从此，十年内战的分裂局面暂告结束，毛泽东说："这在中国革命史上开辟了一个新纪元。这将给予中国革命以广大的深刻的影响，将对于打倒日本帝国主义发生决定的作用。"〉国共两党合作抗战，赢得了世界人民的赞扬和支持。苏联、美国、英国等政府对中国共产党不计前嫌，与国民党再次合作的大家风范表示钦佩，认为在国难面前，中国人民已形成一种新的出乎意料之外的力量。▷ 抗日战争爆发后，国民党担负正面战场，共产党担负敌后战场。这种统一战线内部的分工，符合国共两党的军事实力。国民党掌握全国政权，控制200多万军队，理所应当担负正面战场；共产党领导的抗日武装，人数少，装备差，适合开展敌后游击战。两个战场的开辟，形成互动，构成了有利的战略布局。▷ 八路军初战，取得平型关战斗、雁门关战斗以及夜袭阳明堡机场等战斗的胜利，引起了国内外的关注。1940年，八路军发动了长达5个多月的百团大战，极大地支援了正面战场。对于中国共产党担负的敌后战场，世界主要报纸在显著位置予以报道，扩大了中国共产党的影响。▷ 国民党台儿庄会战取胜以及此后国民党与日军展开的多次会战，无论胜负，世界主要通讯社和各大报也连篇累牍予以报道。对于中国军队的英勇抵抗，各国纷纷予以赞扬。对于日寇在中国犯下的种种罪行，例如南京大屠杀、细菌战、慰安妇等，世界各国也以不同方式予以揭露并谴责。▷ 国共合作的抗日战争得到了苏联、美国等国人民的支持。从1937年7月中国抗战爆发到1941年6月苏联卫国战争爆发，苏联政府给予中国政府作战物资的援助达3亿美元。苏联政府还派遣了航空志愿队直接帮助中国人民抗战。在4年零2个月的时间里，苏联派遣了1000多架飞机、2000多名航空人员来华参战，其中200多位苏联人民的优秀儿女在中国国土上献出了自己的生命，他们的鲜血与炎黄子孙的鲜血流在一起，浇灌了中华民族的独立之花。▷ 1938年冬，美国军人陈纳德募集了欧美国家的志愿飞行员来华，协助中国抗战。太平洋战争爆发后，美国志愿航空队担负起保卫仰光到昆明的滇缅公路任务。仰光失守后，陈纳德及时组织了一支空运队，飞越喜马拉雅山"驼峰"，由印度向中国运送军用物资。1942年到1945年，陈纳德通过"驼峰航线"，运送军用物资736374吨，损失飞机468架。468架飞机连同它们的飞行员静静地长眠在"驼峰航线"上，银色的铝片和花花的白骨构成了人类战争史上最壮丽的地标。▷ 许多国际友人对国共两党合作抗战表示敬意，白求恩、柯棣华等不远万里来到中国，为中国人民的抗战贡献一份力量。白求恩系受加拿大共产党和美国共产党的派遣，表明中国共产党的影响力在抗日战争时期已经远播世界。伟大的国际共产主义战士白求恩为中国人民的事业，在中国人民的抗日前线奉献了自己宝贵的生命。一个外国人，毫无利己的动机，这是什么精神？这是共产主义的精神，这是国际主义的精神，中国人民永远不会忘记白求恩以及柯棣华等国际友人。

抗日战争的空前惨烈与英勇 ▷

日本侵略中国，对中华民族是一场空前的灾难。南京陷落1周时间内，日军集体屠杀中国军民19万人，此后零星屠杀约15万人。在占领南京1个月内，日军强奸中国妇女2万多起。此外，日军将20万年轻的中国少女和妇女强征为慰安妇，将数以千计的中国军人与和平居民作为制造细菌的"马鲁他"。日军在中国实行"三光"政策，在全国各地制造了潘家峪惨案、长泰村惨案、厂窖惨案等一系列惨案，将无数座和平的城市与乡村化为一片废墟。日军从中国各地掠夺了大量宝贵资源，源源不断地运回日本本土。▷ 这场中华民族空前的灾难，唤起了中华民族空前的觉醒。中共中央指出："七月八号在卢沟桥又燃起了第二个'九一八'的号炮。和平已到了绝望的时期，国难已到了最后的关头！现在摆在我们每个中华儿女黄帝子孙面前的问题，只是对日本强盗实行抗战。"〉中华儿女黄帝子孙对日本强盗实行的抗战是异常艰苦卓绝的，因为日本发动的侵华战争对中国而言，不仅是突然的，而且是极不对称的。日本侵略中国、吞并中国蓄谋已久，对侵略战争做了充分的准备。以抗战全面爆发的1937年为例，是年日本国民生产总值达到60亿美元，中国仅为13.6亿美元，日本是中国的4.4倍。日本军费开支9.2亿美元，中国4.09亿美元，日本达到中国的2.2倍。〉卢沟桥事变前，日本空军方面，其作战飞机达到2700架，而中国作战飞机仅300余架，训练有素的飞行员仅100多人。日本海军方面，其军舰达到200多艘，总吨位达190万吨，而中国军舰仅60余艘，总吨位仅6万吨，日本海军总吨位是中国的32倍。抗战爆发后，日本投入到中国的军队包含空军、海军和陆军，其陆军师团最多时达到38个，占日军总兵力的94%。〉日本帝国主义将战争的烽火从东北燃烧到华北，再从华北燃烧到全中国。中国军队当时总兵力达到210万，在人数上超过日本，但武器装备极为原始和落后。以同等编制的陆军部队相比较，日军步枪是中国的1.5倍，轻重机枪1.1倍，野炮山炮3.1倍。〉在8年抗战中，中日双方展开的大型会战有22次之多，其中14次发生在抗日战争初期。这些被称作"绞肉机"的战争是空前惨烈的。在武器装备极为悬殊的情况下，中国的弱国地位在战争中凸现。〉战争伊始，中国军队节节败退，大好河山相继沦陷敌寇。以淞沪会战为例，侵华日军投入兵力30万人，中国投入战场的军队高达70万之众。然而，由于武器装备悬殊，中国军队人数上的绝对优势并没有取得战争的胜利。白崇禧总结说，"我军因缺乏现代化武器，全赖血肉之躯与之相抗，所以伤亡甚重"。淞沪会战中，士兵伤亡之数高达全体会战之兵力的四分之一，甚至二分之一。〉从卢沟桥事变到武汉失守，中国军队在1年零4个月的时间里先后进行了淞沪、徐州、太原和武汉4次会战。4次会战共击毙、击伤、俘虏日军25万人，牵制侵华日军主力70万人，但是中国军队为此付出的代价是104万人的伤亡。这是何等惨烈的战斗！这是何等壮烈的牺牲！〉强国的入侵和弱国的落后，本能地唤起一个民族的生存意识。国力的严重衰弱，促成了民族的觉醒。中华民族的觉醒，是历史的辩证法。日本侵华战争唤醒中华各族人民精诚团结、共同抗战。日本发动的侵华战争，将中国人民和中华民族逼到了生死的边缘。在民族生死的边缘，每个中国人被迫着发出最后的吼声。中华民族的各族儿女在民族灾难面前表现了空前的觉醒和团结。〉许多满、蒙同胞参加了东北抗日联军，回族同胞组织了"中华回族救国会"和回民支队，维吾尔同胞捐献了可以购买154架飞机的白银，800苗族壮士参加了"湘西民族抗日救国军"，贵州侗族儿女组建了"贵州抗日军"，5万多台湾同胞在卢沟桥事变后陆续回到大陆，组建了"台湾义勇队"，海外华侨在抗战的前5年累计捐法币4.23亿元。大敌当前，在疯狂的日寇面前，中华民族各族儿女有力出力，有钱出钱，举国上下，众志成城、团结一心，共赴国难。〉中国共产党主张联合一切可以联合的力量，团结一切可以团结的人民，实行最广泛的抗日民族统一战线。这个战线甚至包括了以蒋介石为首的大地主和大资产阶级。中国共产党在国难面前的举动极大地影响了全国人民。中华民族在外侮面前形成空前强大的凝聚力。毛泽东针对日本帝国主义的侵略说："我说侵略当然不好，但不能单看这坏的一面，另一面日本帮了我们中国的大忙。假如日本不占领大半个中国，中国人民不会觉醒起来。在这一点上，我们要'感激'日本'皇军'。"〉抗日战争是中国人们争取民族独立和解放的民族解放战争。武汉失守以后，抗日战争进入相持阶段。中国的持久战显示了中国作为东方大国的抗战力量，全国人民拧成一股绳，就是拖，也要把侵略者肥的拖瘦、瘦的拖垮、垮的拖死。中国军民实施的持久战，使日军"三个月灭亡中国"的神话不攻自破。日本政府为了支持侵华战争，其军费由1937年的9.2亿美元猛增为1941年的29亿美元，占当年日本国民生产总值28%。在日本本土，政府为了支持战争，拼命向人民搜刮。日本《朝日新闻》说，日本已经到了除了空气之外，一切东西都要上税的程度。国共两党团结抗战使日本侵略者在中国战场陷入人民战争的汪洋大海，并且使日本后院起火，跌入战争的泥潭而不能自拔。国共两党在抗战中再次合作，促使中华民族形成全民族的凝聚力。鸦片战争以来，列强对中国发动了多次侵略战争。中国人民面临列强的侵略，出现过大规模的民众自发的抵抗，如三元里抗英斗争、太平天国农民战争、义和团运动等。在战争中，不乏拼死抵抗的中国官兵，曾经出现如林则徐、陈化成、关天培、海龄、邓世昌那样的民族英雄。在中华民族空前的抗日御侮战争中，中国全国的人力、物力被充分动员，中国各地区、各民族的人民被唤醒，出现了更多的可歌可泣的抗日民族英雄，如左权、彭雪枫、刘志丹、节振国、马本斋、杨靖宇、赵一曼、葛振林、佟麟阁、赵登禹、姚子青、谢晋元、高志航、郝梦龄、陈怀民、张自忠、王二小等等。这些抗日英雄中，有共产党员，有国民党员，还有普通老百姓；这些抗日英雄中，有将军，有战士，还有少年儿童。大敌当前，国共两党同仇敌忾，全国军民同仇敌忾，真可谓"把我们的血肉筑成我们新的长城！"中国人民将永远铭记在淞沪会战、徐州会战、太原会战和武汉会战等一系列会战中浴血奋战、慷慨赴死的无名英雄，中国人民将永远铭记在游击战、地雷战、地道战、麻雀战和青纱帐中英勇杀敌、创造奇迹的人民群众。中国军民8年抗战，最后取得胜利。为了这一场胜利，中国人民付出了巨大的牺牲。据不完全统计，8年抗战中，中国军队在正面战场和敌后战场共进行重大战役200余次，进行大小战斗20万次，共歼灭日军150余万人，伪军118万人，接受投降日军128万人。8年抗战中，中国军民伤亡总数达3500万人，占第二次世界大战各国伤亡总数的三分之一。中国蒙受的战争直接与间接损失高达6000亿美元。长江、长城、黄山、黄河，在中国人民的心中重千斤，中华儿女以澎湃的热血、以坚实的胸膛、以血肉的躯体，捍卫了中华民族的尊严。

抗日战争确立了中国世界大国的地位

抗日战争爆发初期，苏联曾经予以空军援助和作战物资援助，美国曾经予以中国贷款5亿美元，除此以外，中国人民基本上是独立作战。美英等国无视日寇的凶残，却嘲笑中国实行"磁石战略"。1941年日本悍然发动太平洋战争，战争矛头直指英美。英美在对日战争中，以其优势武器装备与日军较量，感到日军的凶猛与残忍，这时才体会到中国人民在抗战中以劣对优、以弱对强的艰难。太平洋战争的爆发，使中国在美国、英国等西方国家心目中的地位得到提升。这说明国共两党合作的英勇抗战引起了国际社会的关注。在这种情况下，美英开始看重中国的战略地位并决定着手调整对华关系。1942年，宋美龄访美，引起美国朝野轰动。宋美龄在美国国会发表演讲，她说，中国人民流血牺牲、不屈不挠，独立抗战达四年半之久，以血肉之躯抵挡了日寇的淫虐狂暴。她引用了一句中国的谚语"看人挑担不费力"，引起了美国人民的共鸣。宋美龄说，中国人民现在需要美国的帮助，美国

公元1937年至公元1945年
中华民族构筑血肉长城
抗日战争时期

人民不应当袖手旁观。她还说："我们有一种战斗精神，因为我们知道我们正在为正义而战，而且我们有时间和空间上的优势。""对于那些嘲笑中国的'磁石战略'的怀疑论者，我要问：在当代世界上还有什么别的民族能够如此之长和如此勇敢地忍受这种战争的苦恼，如此不屈不挠和坚定地捍卫中国人民的原则并且面对着这样在战斗装备上的优劣之差？"宋美龄在美国宣传中国人民的抗战，使美国上下对中华民族万众一心的抗战活动有所了解并对中国人民的民族精神表示钦佩和赞赏。 > 美国从维护美国利益出发，制定了"先欧后亚"的战略方针。根据这个战略方针，中国战场开始受到美国政府重视，因为美国需要中国政府和中国军队在亚洲尽可能地牵制日军。美国制定"先欧后亚"战略方针的重要依据之一，就是看到中国军民在抗战爆发后的英勇抵抗，充分估计到中国战场能够拖住日本的后腿。 > 对于中国人民在抗战中的贡献，二战中的风云人物罗斯福、丘吉尔、斯大林等都曾经给予高度的评价。美国总统罗斯福说，假如没有中国，假如中国被打垮了，你想有多少个师团的日本兵可以调到其他方面来作战，他们马上可以打下澳大利亚，打下印度。苏联大元帅斯大林说，只有当日本侵略者的手脚被捆住的时候，我们才能在德国侵略者一旦进攻我国的时候避免两线作战。一个历史学家评论说，"从中日战争到太平洋战争，战争的范围在不断扩大，中国同英、美之间的距离却在不断缩小，共同的利害关系把中、英、美联合在反法西斯的战线上。这样，历史就给予中国改变自己国际地位的一个重要契机。" > 历史给予中国一个什么样的契机呢？美国著名的中国问题专家费正清说："由于日本侵略以及其他国家的卷入，中国从一个软弱的战争牺牲者，转化为一个世界大国，一个确立稳定、和平局面的伙伴。"中国虽然是一个大国，并且是世界上人口最多的国家。但是，在抗战前，由于中国的贫穷落后，国际社会并不认为中国是一个大国。 > 中国人民在抗战中独立支撑战局，向世界显现了中国大国的实力。太平洋战争后，中国与美国、英国先后结盟，中国的国际地位得到了提高。美国与中国结盟，因为美国希望在战后东亚地区建立亲美的政府，以取代日本在亚洲的势力。美国总统罗斯福公开地说，有5亿中国人站在美国一边，对美国是"非常有用的"。1942年6月，美国与中国签订《中美互助协定》，承认中国的大国地位，承认中国在国际事务中的地位和作用。 > 为了表示对中国人民抗战的支持，美国政府在太平洋战争以后先后给予中国政府8.7亿美元的租借物资。抗战期间，美国政府还一度派遣美军观察组到延安，并表示要将援华的部分物资援助中国共产党，因为中国共产党是要抗日的。 > 在抗日战争期间，中国人民就已经看到，日本的最后失败是不可避免的，中国人民的最后胜利是必然的。日本战败，日本作为亚洲军事强国的地位也就消失了。世界给予中国崛起的一个历史契机。美国国务卿赫尔说："在相当长的时期内，作为东方大国的日本将销声匿迹。因此，严格地讲，唯一重要的东方大国就是中国。" > 1940年12月19日，美国总统罗斯福指出："在亚洲，中华民族进行的另一场伟大防御战争则在拖住日本人。"中国在抗战中的表现，表明中国已经具备了一个国际大国的资格。罗斯福主张将中国列入世界"四强"。罗斯福的"四强"概念是作为美国的亚洲战略提出来的，即以中国作为美国在亚洲的军事盟国，通过中国达到控制亚洲的目的并遏制苏联在亚洲的扩张。 > 二次大战中，美国召集26个国家在华盛顿开会，会议通过了《联合国家宣言》。

在确定《宣言》签字排名顺序时，美国总统罗斯福将中国排在美英苏后，名列第四。他对参加签字的中国代表宋子文说："欢迎中国列为四强之一。"罗斯福建议，由"四强"负责联合国总机构的设立工作。"四强"遂成为联合国的发起国，此举为中国日后成为联合国常任理事国的国际地位奠定了基础。在中国政府的努力下，中美之间达成协议，签订了废除美国在华特权的《中美新约》。此后，英国、比利时、挪威、加拿大、瑞典、荷兰、法国、瑞士、丹麦、葡萄牙等先后与中国签订《新约》，废除和部分废除了西方国家在中国的特权。中国的独立和主权得到了国际社会的承认，标志中国国际地位的提高。1943年10月，在美国的争取和安排下，中国第一次作为大国与美英苏共同参加了莫斯科会议。这次会议，中国是作为"世界四强"参与的，引起了世界各国普遍的关注。日本外相不无嫉妒地评价莫斯科会议说："至此中国开始列入世界四大国之一。"同年11月，中美英三国首脑在开罗会议。中国在国际舞台上以大国身份充分表达了自己的意见。中国与美英并列参加开罗会议，表明中国的大国地位再次得到国际承认。抗日战争期间，中国的大国地位被奠定并为国际社会所承认，而中国自身状况却是与大国地位不相称的，可以说是盛名之下，其实难副。大国地位是与一个国家的国力紧密相连的。国力由精神要素和物质要素两方面构成。中国共产党与国民党在抗战中再次合作，在中国共产党的领导下，全国人民在抗日战争中表现了空前的凝聚力，反映中国人民的精神要素得到了提升。然而，在衡量国力的主要指标——物质要素方面，中国与西方大国简直有天壤之别，可谓不可同日而语。抗日战争时期，中国大国地位的奠定并获得国际社会的承认，除了中国共产党和中国人民自身的表现和努力外，美国总统罗斯福的提议和倡导是一个重要因素。罗斯福之提议和倡导，不是主观上要提高中国的大国地位，而是客观上出于美国国家利益的需要，出于美英战略的需要。当时，无论美国和英国，国会中都有许多人对中国的大国地位表示怀疑。中国虽然在1943年10月作为"世界四强"与美英苏共同参加了莫斯科会议，但苏联一直拒绝承认中国的大国地位，并且在多种场合一再明确表示：中国不是世界大国。事实上，中国虽然在名义上进入了"世界四强"，但许多国家并没有将中国视为"世界四强"，中国也没有真正享受到作为"世界四强"大国地位的待遇。中国大国地位的奠定是一个长期的、渐进的过程。中国大国地位的真正奠定与获得国际社会的真正承认是在新中国成立以后，特别是在中国实行改革开放以后。中国的综合国力一天天上去了，与西方国家的差距一天天减小了，中国的大国地位也就真正奠定了，国际社会也就真正承认了。今天的中国在国际社会上发挥着愈来愈大的作用，就是因为中国在改革开放以后综合国力大大提高了，与旧中国不可同日而语了。无论什么国家，再也没有人对中国的大国地位表示怀疑了。抗日战争的硝烟已经远去了，当年诞生的《义勇军进行曲》曾经使无数国人热血沸腾。今天，《义勇军进行曲》鼓励着国人为中华民族的崛起与振兴而奋斗。抗日战争胜利的历史昭示我们：爱国主义永远是中国人民团结奋斗的精神支柱和力量源泉。过去，国共两党合作取得了抗日战争的胜利；今天，海峡两岸的中国人再次携手合作，为完成祖国统一大业而不懈努力。海峡两岸统一，中国将作为一个真正的世界大国，永远屹立于世界民族之林。这一天终将来临，我们期盼着，等待着！

公元1937年至公元1945年
中华民族构筑血肉长城
抗日战争时期

《黄河》一曲壮河山

1 9 3 7 年 1 9 4 5 年

抗日战争胜利后全国政区图

选自武月星主编《中国抗日战争史地图集》

自"九一八"事变后，日本以东北为根据地，逐步南侵，蚕食中国领土。至1937年，华北要地平津一线已经成为我国国防前哨。中华民族到了最危险的时候。七七事变一声枪响，伟大的抗日战争全面爆发了。

卢沟桥事变

卢沟桥的枪声，点燃了中国全面抗战的熊熊烈火。睡狮怒醒，中华民族被迫着发出最后的吼声！

早有预谋

日本继"九一八"侵占中国东北后，就把目标指向华北。日军认为：只要拿下北平，其余地方就会不战而降。卢沟桥事变前夕，除了卢沟桥地区仍由中国第29军驻守，日军对北平已形成三面包围之势。

卢沟桥，横跨永定河，距北平西南约15公里，自古就是出入北平的要道。进入20世纪，大动脉平汉铁路建成后，卢沟桥及其北面的铁桥便成了联结华北与华中的咽喉，与丰台同属北平门户。因此，一旦日军占领卢沟桥，不仅与丰台形成掎角，使丰台日本驻军无后顾之忧，而且将切断平汉铁路，使北平变成一座孤立无援的死城。

西安事变之后，国共两党开始和谈。日本急了，先是企图利诱第29军军长宋哲元搞华北自治，脱离南京国民

赵登禹（左上图）、佟麟阁（右上图）
卢沟桥——七七事变的见证者（下图）

公元 1937 年

世界大事记

4月1日，英国实行"印缅分治"，缅甸成为英直属殖民地(1937-1947)。巴莫任总理(1937-1939)。

高鹏 《中国抗日战争史》
刘绮菲 金爽 《卢沟桥抗战第一枪》
吉星文 松井太久郎 佟麟阁 赵登禹 宋哲元 七七事变 卢沟桥残阳 阴谋 实录 教亡

人物　关键词　资料来源

政府，结果没有得逞。接着又从军事上步步进逼，尤其从1937年5月起，频繁地在宛平卢沟桥附近进行挑衅性军事演习。就在卢沟桥事变发生前一个月，东京就已经在盛传："七夕之夜，华北将重演柳条沟(湖)一样的事件。"

果不其然，7月7日卢沟桥事变发生。

七七之夜

1937年7月7日19时30分，驻丰台日军第1联队第8中队擅自在中国守军驻地回龙庙、大瓦窑之间，举行以卢沟桥为假设攻击目标的挑衅性军事演习。22时左右，在卢沟桥旁的宛平县城东北方向突然响起枪声，城内中国守军立即加强戒备，严密注意日军动态。24时许，日本驻北平特务机关长松井太久郎电话通知中国冀察当局：日军陆军一中队，夜间在卢沟桥演习时好像听见宛平城内传来枪响，导致演习部队一时呈混乱现象，并失踪了一名士兵，因此要求进入宛平城搜索。

中国冀察当局对此无理要求断然拒绝，答复说：卢沟桥是中国领土，日本军队事前未得我方同意在该地演习，

"卢沟晓月"碑（上图）
中国守军第29军在卢沟桥抗敌（下图）
七七事变后，面对日寇的嚣张气焰，中国守军第29军奋起抗敌。图为我29军官兵凭借卢沟桥有利地形对敌射击。

已违背国际公约，妨害我国主权，走失士兵我方不能负责，日方更不得进城检查。事实上，那名下落不明的日军士兵不久就归队了，宛平城内中国守军也未发一枪一弹。

7月8日凌晨2时，双方同意前往调查。5时左右，双方尚在交涉时，日军即下令向卢沟桥一带的中国军队发动攻击，并炮轰宛平县城。中国守军第29军第219团官兵

> 历史文化百科 <

〔庐山谈话会〕

1937年7月至8月，国民政府在庐山召开各党各派、各界名流参加的"庐山谈话会"，共同商讨国事。时在庐山与国民党进行合作抗日第四轮谈判的周恩来、秦邦宪、林伯渠参加了谈话会。

7月17日，谈话会召开的第二天，蒋介石正式发表《抗战宣言》，拉开了伟大的全民族抗战的序幕。他说："最后关头一到，我们只有牺牲到底，抗战到底。唯有'牺牲到底'的决心，才能博得最后的胜利。"对此，毛泽东指出：《抗战宣言》"确定了准备抗战的方针，为国民党多年以来在对外问题上的第一次正确的宣言"。

日军北平入城式
1937年7月底，北平、天津相继沦陷。图为1937年8月8日日军在北平举行入城式的情景。

奋起抵抗，予以坚决还击。

卢沟桥事变是日本全面侵华的开始，也是中华民族全面抗战的起点。

奋起抗敌

事变爆发时，驻守卢沟桥和宛平城的是第29军第219团。团长吉星文，28岁，曾于长城喜峰口抗日战斗中立过战功。

8日下午，吉星文严正拒绝了日军限当天19时前投降的通牒，他命令官兵：坚守阵地，坚决回击，坚持抗战到底。

深夜，为了夺回阵地，吉星文带领突击队沿永定

中国人民抗日战争纪念馆
中国人民抗日战争纪念馆坐落在七七事变发生地——北京市卢沟桥旁原宛平县城内，落成于1987年。基本陈列由3个综合馆、3个专题馆（日军暴行、人民战争、抗日英烈）和1个半景画馆组成，共有照片和资料3800件、文物5000件。

河岸向敌人摸去。敌人还不清楚怎么一回事，就被突击队的大刀送上了西天。有个19岁战士，一连砍死13个日本兵，还活捉了一人。吉团长在前线向记者介绍战斗情况时说："军人守土有责，人若犯我，我们绝不能毫无抵抗。"

吉星文本人在战斗中多次负伤，但仍指挥战斗。日军对吉星文及其第219团又恨又怕，他们提出所谓的停战条件之一，就是撤换卢沟桥守军，并指名道姓要"接替吉团防务"，被我方断然拒绝。

第29军面对强敌，英勇抗战，坚守卢沟桥达22天。在南苑，副军长佟麟阁奉命率部向大红门转移，中途被日军包围，于是挥师继续与敌人苦战。佟麟阁在指挥部队向日军突击时，被敌机枪射中腿部。部下劝他退下，他执意不肯，说："情况紧急，抗敌事大，个人安危事小！"仍率部激战。敌机又来狂轰滥炸，他的头部又受重伤，终因流血过多，英勇牺牲。赵登禹师长在激战中右臂中弹，仍继续作战。不久，腿部等处也受伤，传令兵要背他离开战场，他说："不要管我，北平城里还有我老母亲，告诉她老人家，忠孝不能两全，她的儿子为国死了，也对得起祖宗！"赵登禹殉国时，年仅39岁。　〉廖大伟

郭沫若
郁达夫
蒋介石

谢保成
王泰栋
方忠
诚意 救国

郭沫若
《郭沫若评传》
《郁达夫传》

郭沫若
洪波曲
《陈达布雷传》

人物　关键词　资料来源

〇〇二

1927年大革命失败，郭沫若写了一篇檄文《请看今日之蒋介石》。蒋介石见了大怒，并发出通缉令。郭沫若在国内无处容身，只得出走日本。

郭沫若投笔请缨

十年流亡海外，赤子丹心未改。国难当头，郭沫若别妻弃子，毅然归国，投身于伟大的抗日洪流。

丢下妻儿，潜行回国

这年年底，郁达夫借去日本讲学为名，来到东京郊区的郭沫若住处，转告南京国民政府要他伺机回国之意。郭沫若思乡心切，感慨系之，赋诗一首：

十年前事今犹昨，
携手相期赴首阳。
此夕重逢如梦寐，
那堪国破与家亡。

1937年卢沟桥事变爆发，郭沫若决定回国抗日救亡，但日本警视厅已对他实施秘密监管。他走的那天，连睡梦中的妻儿都没敢告知，凌晨悄悄地离开了生活了十年的家，化名杨伯

努力周旋巧言游说

郭沫若出走日本，一晃就是10年，他在日本也不得安宁，经常受到日本警方的威胁。1936年秋，曾经在福建省政府陈仪处工作的郁达夫，关心好友的处境，就直接找陈布雷，说郭沫若是个人才，希望他能在委员长处疏通疏通，请郭归来。陈布雷因和郭沫若在北伐时期有过几面之缘，相当敬仰郭沫若的风采，欣然表示同意。

陈布雷向蒋介石游说。

蒋介石仍念念不忘郭沫若那篇把他骂得狗血喷头的檄文。陈布雷捧出郭沫若十年里在日本研究的《两周金文辞大系》、《殷契粹编》等大部头书，说："委座，据说郭沫若这些年里，再也没有搞政治，他主要是埋头研究殷墟甲骨文和殷周的铜器铭文，学术成果在国际上很有影响哩。"

蒋介石不置可否，但仍心有余恨地说："可是，他骂我那篇，可也太狠了。"陈布雷鼓起勇气说："此一时彼一时啊。我想，要是现在把他找来，正可说明领袖的宽容大度，捐弃前嫌，以大局为重。再说，郭沫若是个日本通，我们理应重视这类人才。"蒋介石同意了。但考虑到日本人会扣留郭沫若，暂不公布撤销通缉令，要郁达夫告知郭沫若。

一代文豪郭沫若(右图)
郭沫若(1892—1978)，现代著名作家、诗人、历史学家、剧作家、古文字学家。大革命失败后流亡日本，抗战爆发后秘密回国，任军委政治部第三厅中将厅长。

郭沫若宣传抗日

1938年，国民政府三厅成立后，郭沫若与相关人员在街上开展抗日宣传活动。图为北京郭沫若故居陈列室内的历史照片。

黄金大戏院同仁欢迎田汉先生留影

抗战爆发后，文化艺术界人士积极投身抗日救亡运动。田汉也是其中之一。图为上海黄金大戏院同仁欢迎田汉先生留影。

勉，先乘火车到神户，再改乘加拿大"日本皇后"号邮船，潜行回国。

在船上，他浮想联翩，想到妻离子散，国难当头，想到中华民族的抗战事业，顿时心潮澎湃，当即步鲁迅七律《惯于长夜过春时》原韵，吟诗一首：

又当投笔请缨时，别妇抛雏断藕丝。

去国十年余泪血，登舟三日见旌旗。

欲将残骨埋诸夏，哭吐精诚赋此诗。

四万万人齐蹈汤，同心同德一戎衣。

当邮船驶近长江口，郭沫若又思绪万千，口占一绝：

此来拼得全家哭，今往还当遍地哀。

四十六年余一死，鸿毛泰岱早安排。

7月27日，经过海上三天颠簸，郭沫若安全到达上海，郁达夫从福州专程赶来迎接。8月初，南京政府撤销对郭沫若的通缉令。他立即投入抗日救亡活动中，并与夏衍等人筹办了《救亡日报》。

回避过去，谢绝安排

"美庐"别墅外景

"美庐"别墅位于庐山牯岭东谷长冲河畔，是一座英国券廊式的别墅。1934年起成为蒋介石宋美龄夫妇的行辕。全面抗战爆发后，周恩来曾在这里与蒋介石进行国共二次合作的谈判。

中国人民演出活报剧宣传抗战

抗战爆发后，救亡运动风起云涌。图为中国人民演出活报剧宣传抗战。

七七事变后中国民众在街头进行抗日宣传

七七事变后，中国民众掀起了抗日救亡运动的新高潮。图为中国民众在街头进行抗日宣传。横幅上大书"好铁要打钉好男要当兵"、"扫荡倭寇"等字样。

9月29日，郭沫若在陈布雷的陪同下，在南京与蒋介石见面。蒋介石和郭沫若握手说："你回来了，精神比从前更好。"接着又问了此次行程和留日家眷近况。两人交谈倒也热烈，但彼此都回避了十年前的嫌怨。

蒋介石希望郭沫若留在南京，并给他安排一个相当的职务。他说："所有会议你都可以不必出席，你只需做做文章，研究你的学问就好了。"又问，"今后是否仍有兴趣继续研究甲骨文、金文呢？"郭沫若回答说："现在已是国难当头，岂能置国家生死于不顾。"针对蒋介石提问，他还说，"古器物学的研究，在中国似乎有成为一般趣味的倾向。我回到中国仅两个月，对那些研究就好像隔了两个世纪。沉浸在那些研究里，在我看来倒是一种危机呢。"

郭沫若婉言谢绝了蒋介石所给的官职，仍回到了上海。同年11月，上海沦为孤岛，《救亡日报》也停刊了。

1938年4月，经陈诚、周恩来分别劝说，郭沫若在武汉出任军委政治部第三厅中将厅长。 〉盛巽昌

> **历史文化百科**

〔甲骨学史的"四堂"〕

自甲骨文发现以来，很多学者从事研究，成果累累，其中成就最大的，首推"甲骨四堂"，即罗雪堂（罗振玉）、王观堂（王国维）、董彦堂（董作宾）、郭鼎堂（郭沫若）。

罗振玉搜集甲骨三万片，主要著作有《殷墟书契前编》、《殷墟书契后编》、《殷墟书契考释》。其成就如郭沫若所说："甲骨自出土后，其搜集保存传播之功，罗氏当居第一，而考释之功亦深赖罗氏。"王国维最大成就，是在甲骨学研究中首立考史一目，证实了《史记·殷本纪》商王君统的可靠性，解决了几千年的悬疑。郭沫若说："王国维的业绩是新史学的开山。"董作宾最大成就，是运用现代考古学，对甲骨卜辞作断代研究，被誉为甲骨断代学的"泰斗"。郭沫若的特色是具有明确目的和科学方法。早期代表作有《卜辞中的中国古代社会》、《甲骨文字研究》。

"四堂"分别从古文字学、古文献学、考古学和社会历史学四种不同科目开拓了甲骨学的新领域，正如唐兰概括："卜辞研究自雪堂导夫先路，观堂继以考史，彦堂区其年代，鼎堂发其辞例。"

〇〇三

冒着风雨 誓师抗日

1937年8月, 中共中央政治局在陕西洛川的冯家村召开了扩大会议。这次会议是为周恩来带来"南京政府正式同意了红军改编的方案"召开的。会上通过了由毛泽东、朱德、周恩来等十一人组成新的中央军事委员会。

洛川会议结束时, 正赶上一场滂沱大雨, 但它没能阻挡八路军3个师的将领们的行程, 他们冒着风雨, 以最快的速度赶回所部集结地, 召开干部会议, 宣布红军改编的命令, 举行抗日誓师大会。

冬不衣裘, 夏不张盖

这天, 八路军第129师的誓师大会, 在陕西三原石桥镇举行。当第129师所属各路人马准时来到会场, 听候师长刘伯承、政训处主任 (政委) 张浩和参谋长宋任

朱德照片 (上图)
抗战爆发后, 八路军在上海设立了与群众抗日团体密切联系的办事处, 这是办事处送给何香凝等组织的中国妇女慰劳自卫抗战将士上海分会的照片。
八路军、新四军的证章 (左上图)
中共领袖毛泽东 (右图)
毛泽东在延安领导着陕甘宁边区和全国敌后战场的抗日斗争, 运筹帷幄, 决胜千里。

雨中阅兵

红军誓师黄河渡, 兄弟携手御强虏。风在吼, 马在叫, 黄河在咆哮!

穷等前来检阅时, 突然, 乌云密布, 一场大雨即将来临。担任大会总指挥的第386旅旅长陈赓和参谋处长李达商量, 打算请示刘伯承师长改期, 等到天晴了再开誓师大会。这时刘伯承等骑着马来了, 军装上下都已被淋湿。陈赓迎上前去, 正要提出: "雨越下越大, 是否——"

刘伯承已知道他的心意, 立即打断了他的话, 说: "军人嘛, 就是要风雨无阻, 决定了的就不能随便改。"这时雨越下越大, 刘伯承站在土堆起来的检阅台上, 无遮无盖, 任凭风吹雨打。一位参谋找来件雨衣要给他披上。他拒绝道: "你难道不知道为将者应当'冬不衣裘, 夏不张盖'吗?"参谋赶紧将雨衣收起来了。

阅兵仪式开始了, 刘伯承和张浩、宋任穷乘马绕场

《抗战中的八路军》
《太行雄师——八路军一二九师征战纪实》
傅建文

威武 严肃

刘伯承 张浩 宋任穷 陈赓

人物　关键词　资料来源

一周，战士们看到首长尽管全身湿透，但两腿紧夹马身，腰板挺直，面对一排排的队伍，右手标准地行着举手礼，大为感动，也纷纷报以整齐的注目礼。

誓师大会后，刘伯承告诫部属："指挥员要同战士们同甘苦，共患难，只有这样才能打败凶残的日本侵略者。"一线的指挥员们也纷纷表示，要身先士卒，抗击日寇。八路军漫漫抗日征程，自此悄悄拉开了序幕。 〉盛巽昌

中央军委主席团关于红军改编的命令（上图）

朱德和彭德怀（右图）

图为八路军两位统帅朱德和彭德怀于1937年9月的合影。八路军不久按战斗序列改称第十八集团军，朱德为总司令，彭德怀为副总司令。

中革军委关于红军改编为八路军的命令（下图）

1937年8月25日，中共中央革命军事委员会发布命令，宣布将红军改编为国民革命军第八路军，朱德任总指挥，彭德怀任副总指挥，下辖115、120、129三个师，林彪、贺龙、刘伯承分任师长。红军改编为八路军后，旋即出师抗日。

〉历史文化百科

〔八路军总指挥部和战斗序列〕

1937年9月11日改称"第十八集团军"，但"八路军"名称沿用。

　　总指挥（总司令）　　　朱　德
　　副总指挥（副总司令）　彭德怀
　　参谋长　　叶剑英
　　副参谋长　左　权
　　总政治部主任　任弼时（后为王稼祥）
　　总政治部副主任　邓小平（后为谭　政）
　　第115师
　　师长　林彪　副师长　聂荣臻
　　政训处主任（后改为政治委员，下同）　罗荣桓
　　第120师
　　师长　贺龙　副师长　萧　克
　　政训处主任　关向应
　　第129师
　　师长　刘伯承　副师长　徐向前
　　政训处主任　张　浩（后为邓小平）

中国大事记

8月13日，淞沪抗战爆发。

〇〇四

血战宝山城

国难当头，好男儿舍身报国；马革裹尸，子青营万古流芳。

别爱妻奔赴上海

八一三淞沪抗战开始后，日军源源不断地从石洞口、川沙口和张华浜登陆，并攻占吴淞、蕰藻浜一带。8月23日，日军先头部队已经开抵罗店，意欲向我军发动总攻，首选目标是宝山县城。

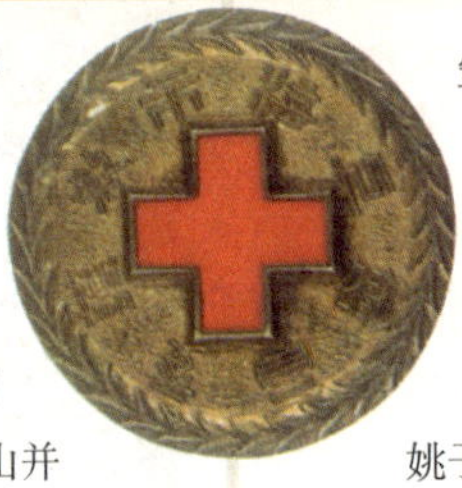

如果宝山被占，则浏河、罗店、宝山、吴淞、蕰藻浜、江湾连成一线，并直接与虹口日军首尾相接，后果极其严重。因此坚守宝山并伺机各个击破敌军，至关重要。上峰的命令也是死守，不得退让。驻守宝山县城的是姚子青的一个营，兵力不足600人。

姚子青是广东平远县人，这一年28岁。他16岁从军，就读黄埔军校，是第六期毕业生。他离开军校，就加入北伐部队，历任排长、连长、营副，参与北伐许多战役，屡立战功。八一三事变爆发时，姚子青任营长，隶属罗卓英的十八军九十八师五八三团。当时驻防汉口的十八军，接到开往上海参加抗战的命令。姚营也随军开往上海。

开拔前，姚子青为了解除后顾之忧，毅然派人将年仅6岁的养子送回平远老家，将体弱多病的妻子和9个月的女儿留在汉口。妻子知道姚子青此去生死茫茫，泪珠滚滚，姚子青擦着妻子脸上的泪珠，说：“你们母女多保重，不要记挂我。保卫国家是军人的天职，我一定要立功杀敌，为国效劳。”

守宝山与城共亡

8月24日，以姚子青为营长的九十八师五八三团第三营，进驻宝山县城。

宝山县城位于长江口，三面临水，易攻难守，因此一到指定位置，他们就开始日夜加固城防工事，挖掘防空掩蔽部，储备弹药。姚子青知道，他们的武器装备明显不如敌人，要坚守阵地，必须在精神上压倒敌人，做好必死的准备。他率全营立下

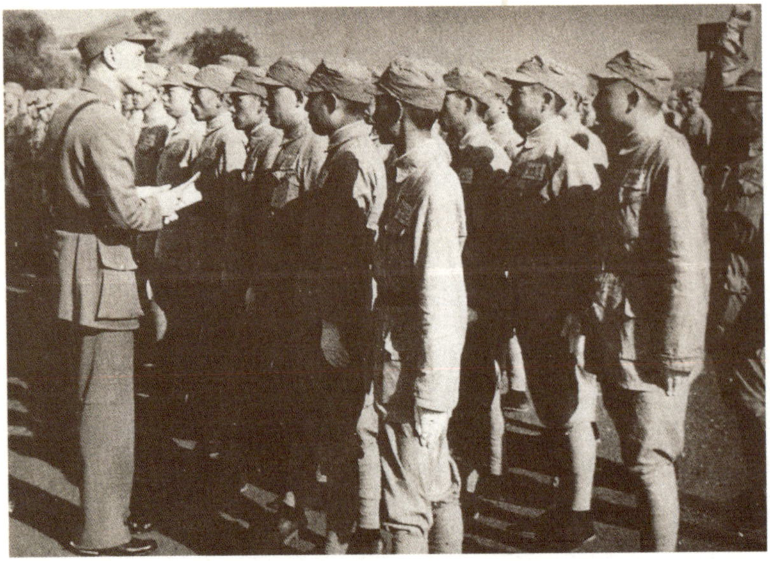

上海市救护委员会徽章（上图）

蒋介石检阅部队（左图）

七七事变后，淞沪一带也很快成为抗日战场。蒋介石检阅部队，勉励将士们英勇杀敌洗雪国耻。

公 元 1937 年

公 元 1937 年

世界大事记

5月28日，张伯伦就任英国首相。

《上海文史资料·宝山史话 精选》《八一三》

姚子青

壮烈 牺牲

人物 关键词 资料来源

日军试图登越城墙
9月5日，围攻宝山的日军正在试图登越城墙。

沦陷后的宝山城

誓言："日军强盗是我们中国人民不共戴天的死敌，我们头可断，而志不可屈，宁愿死在战场，决不偷生做亡国奴！"

自9月1日起，从炮台湾登陆的日军开始向宝山进攻。宝山县城处在日军战舰大炮的射程之内，日军飞机也不断前来轰炸，面对敌人的疯狂进攻，防守极为困难，但姚子青营不退半步，顶住敌人的进攻。2日，日军又分别从浏河、吴淞镇及虹口、江湾等地进犯宝山，姚子青率领士兵在宝山外围抵抗，多次击退日军进攻，日军死伤数百人，却无法突破防线。

9月5日，日军再次对宝山发起进攻。在大批飞机、

军舰的轰炸掩护下，日军出动十多辆坦克，步兵千余人，直扑宝山城，企图一鼓而下，情势十分危险。

激战几个小时后，我军城外阵地已全部被敌炮火轰毁，姚子青营损失惨重，旅长方靖闻报，急忙命令姚营退守城内，并派出部队前往增援。姚子青向上级报告说："敌以兵舰三十余艘，排列于我东门江面，飞机十余架轰击我各城门，复以战车向我各城门冲击，职决遵命死守。"

姚营退守城内，大批日军将宝山城四面包围。师部派出的援军在途中遭到敌机轰炸扫射，队伍被日军阻隔在离宝山县城5华里外，无法伸出援手。

第二天天亮以后，日军又开始疯狂进攻。他们用大炮猛轰城墙，打开一个缺口后，再向城内施放硫磺弹。整个宝山上空烟雾弥漫，城内火

上海国际救济会袖章

上海淞沪抗战纪念馆

上海淞沪抗战纪念馆坐落于临江公园内，主体建筑是一座用钢材、岩石、玻璃等现代建筑材料来表现传统建筑形式美的纪念塔。建筑面积达3490平方米，塔高53.6米，共12层。其中塔基部分为三层，是纪念馆的主要展览区域。

海一片。接着，日军以坦克为掩护，从城墙的东南角突破进入城内。此时姚子青营早已伤亡过半，在孤军无援之下，姚营与敌展开最后的拼搏。有人看见，在最后时刻，姚子青和仅存的二十多名官兵，与敌人展开了激烈的巷战，最后全部壮烈牺牲。

在宝山保卫战中，姚子青营只有副营长李贻模和几名士兵，因身负重伤，于3日前被送往后方医院；二等兵魏建臣一人越城突围，其他人全部壮烈殉国。日军为攻占宝山城也付出了惨重的代价，仅城内金家巷一地，被姚营击毙的敌人就有二百余人。

英雄事可歌可泣

6日上午10时，宝山城终于陷落。

旅长方靖获悉宝山陷落，第三营与城共亡后，不禁热泪盈眶，说："第三营官兵全部牺牲了，真正为国效忠，可歌可泣！"

宝山保卫战历时9天，日军花费了极其惨重的代价才得手。消息传出，姚子青全营与城共存亡的壮烈行为深深感染了每一个中国人，更加激励了中国人民的抗日意志。民间以其英勇事迹为题材的《姚子青大鼓词》、《姚健军歌》等文学创作，脍炙人口，至今尚存。著名导演徐苏灵拍摄的《血战宝山城》、《孤城喋血》等粤语影片，在港澳南洋等地放映时，当地观众无不感极泪下。国民党元老马君武的《抗日纪事诗》写道：

"六百余人齐授命，宝山应改号姚营，肉弹枪械争强弱，国土官兵共死生。"

为纪念抗日先烈姚子青，上海宝山县曾改名为"子青县"。在姚子青的故乡广东省平远县，兴办了"子青工业职业学校"和"子青女子小学校"，他生前居住过的汉口市生成里7号那条街道，也被改名为姚子青路。

1986年9月，平远县正式将原县属城镇中学，命名为"梅青中学"，以纪念姚子青和另一位抗日阵亡的平远籍将领黄梅兴。

1996年8月13日，上海市宝山区友谊路1号的临江公园里，茵茵草坪上矗立起一块石碑，上书"姚子青营抗日牺牲处"。

〉邢建榕

姚子青营抗日牺牲处纪念石

1996年8月13日，为纪念淞沪抗战中坚守宝山英勇殉国的姚子青营全体官兵，上海市政府勒石树碑以为纪念。

〇〇五

袭击日舰"出云"号

头狼肆虐，屠戮我抗战军民。
壮士出征，洒碧血重创顽凶。

抗战爆发后，日军以其强大的海空军对我军民狂轰滥炸。第三舰队的旗舰"出云"号居于指挥地位。为了击沉它，我军海空勇士奋勇出击。

日舰"头狼"

八一三淞沪抗战爆发前夕，日军三十多艘军舰聚集上海，配合日军部队及空军的大规模侵略行动。停泊在黄浦江苏州河口的日军第三舰队的旗舰"出云"号，傲慢地翘起大口径舰炮，指向不远处的繁华市区。

这艘排水量近万吨的装甲巡洋舰由英国制造，参加过第一次世界大战和日俄战争，在一·二八事变中，又率日本舰队封锁中国海岸线。"出云"号虽然服役年龄长，但装甲坚固，火力凶猛，对实力弱小的中国海空军来说，实在是不好对付的强敌。更何况"出云"号是一艘经验老到的旗舰，最多时指挥着麾下九十多艘战舰。它是日舰中的"头狼"，战争打响后，它用大炮猛烈轰击中国军队的阵地，掩护日军进攻；它还轰击上海的工厂、学校、民房等，造成中国人民生命和财产巨大损失。

空中轰炸

国民党海空军将士慷慨激昂地发出"一定要炸掉出云号！"的豪言。他们知道，如果能炸沉"出云"号，不仅在军事上具有重要意义，能为弱小的中国海空军赢得无上的光荣，而且在政治上将会极大鼓舞中国人民的抗日士气。

说到军力，中国海空军远不及日军。以海军为例，中国海军军舰普遍吨位小，质量差，主要军舰多为清末遗存，总吨位约为日军舰队的5%，最大的巡洋舰"海圻"号仅为4300吨，而且已经有四十多年的舰龄。空军的状况也差不多，作战飞机无论是数量还是性能，都无法与日军相比。唯一的优势，是飞行员们训练有素，抱定为国捐躯的决心。后来，以高志航为首的中国飞行员勇猛拼杀，杀得日军飞行员胆战心惊，损失惨重。

《淞沪抗日回顾录》（上图）
日军旗舰"出云"号（右图）

中国大事记

8月14日，中国空军第四大队在杭州笕桥空战中旗开得胜，创造了6:0的辉煌战果。

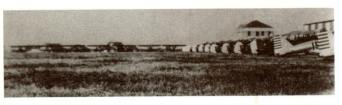

抗战初期的中国空军战机

抗战初期的中国空军装备十分落后，多为双翼机。图中停放在草坪上的机群属于中国空军第十五中队。

8月14日8时40分，中国空军第2大队副大队长孙桐岗率领诺斯罗普式轰炸机21架，从安徽广德空军基地起飞，直线飞行220公里抵达上海上空，主要目标就是轰炸"出云"号及其护卫舰只。它们分成两个编队，一队轰炸敌军在上海的司令部、码头、仓库等军事设施，一队轰炸"出云"号等舰艇。

中国空军来回俯冲轰炸"出云"号时，日军用高射炮和高射机枪还击。炮火在黄浦江上交织，江面上水柱冲天，舰艇摇晃，站在外滩各高楼大厦观战的人群爆发出一阵又一阵的尖叫声，为我空军的英勇行为喝彩。交战中，"出云"号后部中弹起火。

快艇偷袭

几乎与空军同时，海军发动了一次颇具传奇色彩的袭击。

位于江阴的海军电雷学校，有"海上黄埔军校"之称。学校所属的3支鱼雷快艇大队，曾先后从英德两国进口了15艘鱼雷艇，分别编组成为"岳飞"、"史可法"、"文天祥"中队。

8月14日晚，在快艇大队副大队长安其邦的率领下，两艘史字号快艇由内河伪装成渔船潜伏上海，15日清晨抵达黄浦江之龙华。

16日晚8时许，借着夜幕掩护，"史102"艇上面覆盖了伪装，悄悄驶出董家渡封锁线，直扑停泊于黄浦江外滩码头的"出云"号。这条董家渡封锁线，是中国海军在战争爆发前，自行凿沉多艘商船布置的，目的是阻止日军舰队沿黄浦江上溯进入内地。

过了董家渡封锁线，很快就到达"出云"号停泊的外滩附近。这时天色已暗，黄浦江上不仅有日本舰艇，而且有英美法等国的船只。"史102"艇迂回前进，寻找目标。驶到外滩码头附近，见到"出云"号二桅杆三炮塔的舰体，它的周边停泊着一些小炮艇，还有被日军强征来的多艘趸船，情况复杂，不易下手。

"史102"艇一边观测，一边瞄准目标，这时"出云"号上日军哨兵已经发现快艇，"出云"号上的炮塔快速转

八一三淞沪抗战中日军轰炸上海市区

八一三淞沪抗战爆发后，日军出动大批飞机，对我上海市区狂轰滥炸。

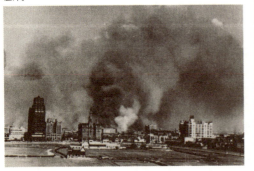

日军轰炸上海市区设置的地面信号

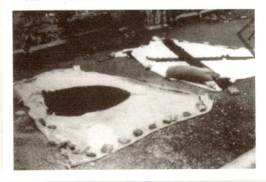

广东国民政府空军司令部飞机厂自己研制的飞机

中国空军第二大队战机
抗战爆发时，中国空军可用于作战的战机只有230架，预备机75架，合计305架。图为中国空军第二大队装备的诺斯罗普—2E式轻型麦炸机。

了过来。"史102"艇当机立断，在敌舰400米开外发起攻击，"轰"地一声巨响，一枚鱼雷带着浓烟击中了"出云"号边上的一艘趸船。转瞬间，第二枚鱼雷又发射出来，击中了"出云"号的尾部。"出云"号顿时剧烈地晃动起来，舰上的日军惊惶万状，摸不着头脑，连呼："我们中弹了！"因为鱼雷威力不大，尽管重创了"出云"号尾部，但未能置其于死地。

日军猝不及防，在一阵忙乱之后立即发炮反击，"史102"艇驶到九江路码头附近中弹搁浅。安其邦等官兵立即将船上机枪弹药倾卸于黄浦江内，然后跳下快艇泅渡隐蔽，安然脱身。其后，他们历时月余才返回江阴驻地。后来国民党海军潜水员又对"出云"号实施水下爆破，重创其尾部，并炸死日军士兵4人，炸伤8人。

沉没之谜

"出云"号经中国海空军的几番攻击，遭受重创，后被拖回日本。因损伤过重，修整工程过大，只得改为日本海军学校的练习舰。第二次世界大战后期，"出云"号没有逃脱覆灭的下场，被美军飞机炸沉。

当时任国民党"中央社"记者、后为美国第14航空队司令陈纳德夫人的陈香梅女士，在其所著《陈纳德与飞虎队》一书中，却另有一说。她写道："由陈纳德训练的一队夜航机把3枚500磅炸弹扔在日本巡洋舰'出云'号的甲板上。日本的拖轮在天亮前将这艘起火的军舰拖往海上。奇怪的是3天后，'出云'号竟返回了外滩黄浦江中的泊位，外表焕然一新，看上去没有伤痕。"她由此推测，"出云"号可能已经沉没，日军用另一艘姐妹舰替代了它。

无论如何，中国海空军在抗战初期对"出云"号的攻击，写下了中国海空军战史上悲壮的一页，也是以弱击强的一场经典战例。

〉华强

海军部部长陈绍宽

陈绍宽（1889—1969），福建闽县胪雷村（今属福州市仓山区）人，字厚甫。国民党海军一级上将。1932年起担任海军部部长，1938年改任海军总司令。抗战中，他指挥弱小的中国海军英勇抗敌，为抗战胜利作出重要贡献。

〇〇六

首次击落日机

铁翼鹰扬，飞将屡建奇功。
猝然陨落，神州痛哭英雄。

首战告捷

1937年7月，中国抗日战争爆发。8月14日，中国空军分别从扬州、广德起飞，轰炸上海日商公大纱厂的军械仓库、吴淞口的敌舰和上海四川路日军特别陆战队司令部。日本方面为了报复，下令驻台湾的日本空军出动18架飞机袭击杭州。这天下午，中国空军第四大队27架飞机秘密由河南返回杭州筧桥机场，飞机还没有来得及加油，空袭警报突然拉响了。中校大队长高志航立即进入座舱，第一个驾机冲向蓝天。

这天因为台风的影响，飞机在空中很难操纵。高志航凭着高超的飞行技术，首先咬住了一架敌机。高志航一按电钮，一串机枪子弹击中了敌机机身，敌机拖着浓浓的黑烟坠落。这是中国飞行员在抗战以来击落的第一架敌机。

空军军神高志航（右上图）

高志航（1907－1937），原名高铭久，字子恒，辽宁通化（今属吉林）人。著名抗日空军英雄，中国空军第四大队大队长，屡立战功，后升任空军驱逐机司令。1937年11月21日，高志航在河南周家口机场遭日空军突袭，英勇殉国，时年30岁。

高志航座机（下图）

高志航担任第四大队大队长时的座机是美制霍克Ⅲ型驱逐机，单发、双翼，时速227公里，装备机枪4挺，并可载225公斤重的炸弹1枚，8公斤炸弹8枚。机身涂有Ⅳ—1字样。

卢沟桥事变后，日本空军非常猖狂，中国空军损失极为惨重，却从来没有打下一架日本飞机。这一场短短十几分钟的空战，中国空军击落日机6架，击伤2架，中国空军无一伤亡，打破了日本空军不可战胜的神话。消息传出，轰动全国。后来，蒋介石因这场6：0的战斗而把8月14日定为中国空军节，并将第四大队命名为"高志航大队"。

第二天，日军飞机分三批次共79架袭击南京、南昌和杭州等地。高志航率第四大队21架飞机升空，在击落敌机1架后，高志航一转机头，迅速咬住了另一架敌机。高志航原想迫降敌机，活捉日军飞行员，但敌机拼命挣扎，一梭子子弹击中了高志航的臂膀。高志航以连续猛烈的炮火将敌机炸得凌空开花。在这一场空战中，高志航一个人击落敌机2架。我军在这一场空战中共击落敌机13架，被高志航击败的日本空军石井义联队长在空战后剖腹自杀。高志航因战功卓著被晋升为上校大队长、空军驱逐机司令，被人们称之为"空军军神"。

"空军军神"

"空军军神"高志航原名高子恒，在东北军的航校学习飞行。张学良选择一批学生到法国学习飞行，其中就有高志航。张学良开会为他们送行，高子恒向张学良敬礼，说："报告总司令，为了实现我的目标，从今天起，我把名字改为高志航，请总司令批准！"张学良说："好啊，有志气。我批准，就叫高志航，志在航空兴邦！"

高志航从法国学成回国后，在东北航校任教官。在此期间，他与一个十分漂亮的俄国姑娘嘉莉结了婚。九一八事变发生的那天，高志航听到消息立即冲到机场准备战斗，谁知由于上级下令不准抵抗，东北军的一百多架飞机此时已经成为日军的战利品。

高志航气得跳脚，第二天，他告别了年轻的妻子和幼小的女儿，决定到南京找中央航空署，加入空军，为国效力。嘉莉怎么也没有想到，9月19日一别竟成为她和女儿与高志航的永别。

高志航家人

图为高志航家人的合影。左起依次为高父、高志航的俄国妻子嘉莉、高母，前立女孩为高志航之女高丽良。

高志航找到中央航空署，谁知工作人员对他说："中国空军飞行员按规定不能与外国女子结婚，听说你的妻子是俄国人，本署不能违背这个规定，请你慎思。"高志航当即忍痛提笔给爱妻嘉莉写了一封信，信中说"国难当头，何以为家"，希望妻子重新组织家庭。从此，高志航成为中央航空署的一名飞行员。

真正军人

1935年8月，国民党派人到意大利国际航空订货会订购飞机，高志航也在其中。在国际航空订货会上，高志航驾驶一架新式意大利战机在空中表演。这一天，墨索里尼正好坐在主席台上。他看到一架飞机正在空中表演，动作大胆流畅，一气呵成。墨索里尼看得很专注，问："飞行员是谁？"工作人员告诉他："是中国的飞行员

〔历史文化百科〕

〔抗日战争全面爆发时中国空军实力表〕

空军前敌总司令部	轰炸机司令部	第一大队	轻型轰炸机18架、教练机1架
		第二大队	轻型轰炸机27架
		第八大队	重型轰炸机24架、教练机1架
	驱逐机司令部	第三大队	驱逐机26架
		第四大队	驱逐机28架、教练机1架
		第五大队	驱逐机28架、教练机1架
		独立二十九中队	驱逐机12架
	侦察机司令部	第六大队	轻型轰炸机34架、驱逐机9架、教练机2架
		第七大队	侦察机27架
		第九大队	攻击机20架
		独立三十一中队	轻型轰炸机9架
		笕桥航校暂编大队	轻型轰炸机9架、驱逐机9架、侦察机9架
		独立十三、十八、二十、三十三中队	轻型轰炸机25架、驱逐机9架、侦察机3架
		空运队	运输机若干架

说明：以上合计轻型轰炸机122架、重型轰炸机24架、驱逐机121架、侦察机36架、攻击机20架、教练机6架，飞机总计329架(运输机除外)，飞行员620人。抗战初期，日本空军飞机约2700架。

空军部长周至柔

周至柔（1899—1986），浙江临海人，原名百福。原为陆军将领，后受宋美龄赏识，负责创建中国空军，并在抗战中立下了赫赫战功，周也因此一直升至空军司令之职。

高志航。"墨索里尼不相信，说："中国怎么会有这样的飞行员？你们不要糊弄我，我倒要看看究竟是谁？"

　　高志航走下飞机后，被人领到墨索里尼面前。墨索里尼打量着高志航，满面笑容地说："你的技术很好，像你这样的人，在欧洲充其量也只能找到一两个。我希望你留在意大利，为意大利服务，我会给你最高的薪金和职位。"高志航婉转地拒绝了，他真诚地说："谢谢你的夸奖，我的职位在中国，我只愿做一个中国军人！"墨索里尼无奈地点点头，说："你是一个真正的军人，你会成为一个英雄！"

壮烈牺牲

　　1937年11月21日，高志航率第四大队从兰州驾驶刚从苏联购买的驱逐机飞至周家口机场。日本空军派出10架飞机轰炸周家口机场，高志航冒着日军飞机的狂轰滥炸，迅速进入座舱并发动飞机，可是连续3次发动，飞机未能起飞。机械师听了飞机声音说："是油路堵塞了。"高志航说："你来扳螺旋桨，我来点火启动。"机械师看着在头顶上盘旋轰炸的日本飞机说："大队长，来不及了，快下来隐蔽吧！"高志航说："这是命令！赶紧扳螺旋桨！"就在这时，一颗炸弹从天而降，在高志航的飞机旁边爆炸，30岁的高志航和军械长冯干卿壮烈牺牲。

　　在这场空战中，苏联援华的第一批十几架飞机尚未参战，就全部被日军炸毁。高志航牺牲后，国民政府追赠他为空军特级英雄、追授少将军衔。中国共产党在延安举行了"八一四空战大捷座谈会"，缅怀空军军神高志航。

〉华强

被高志航击落的敌机（上图）
高志航在战斗中先后击落日军战机5架，图为其中之一，属于日本海军鹿屋航空队。
中国空军地勤人员为飞机装弹药（左图）

公 元 1937 年

世界大事记

7月，意大利共产党与社会党签订反法西斯协定。

阎海文　沈崇海　陈锡纯

坚决　壮烈

《民国空军的航迹》　高晓星　时平

人物　关键词　资料来源

〇〇七

抗日战争爆发后，中日空军实力相差很大。日本拥有战机2700架，而中国拥有飞机约600架，其中能够参战的飞机仅300架。在抗战初期，中国空军英勇参战，写下了抗战史上悲壮的一页。

"空军勇士"

以寡敌众，猛士赴汤蹈火。
视死如归，长天再现荆轲。

"空军勇士"视死如归

"八一三"以后，日本航空母舰的飞机大批参战，中国空军这时已经损失了许多战机，在空战中渐渐处于弱势。蒋介石下令征集20个飞行员充当敢死队，专门轰炸日军航空母舰。并承诺凡炸沉一艘航空母舰者，政府奖励20万元。

8月17日，中国空军第五大队召开动员大会，鼓励大家响应委员长的号召英勇杀敌。少尉飞行员阎海文在

会上说："我是东北人，今天却成为一个流亡者。我不为金钱而战，我要打回老家去，为3000万同胞报仇！"动员大会以后，阎海文等驾驶8架飞机从扬州出发，

轰炸上海四川路日军特别陆战队司令部。

四川路日军特别陆战队司令部是一座4层楼的钢筋混凝土建筑，非常坚固。阎海文驾驶的2510号战机勇敢地一次次超低空飞行，准确地将炸弹投掷于目标。可惜我军的炸弹仅15公斤，只能将坚固的司令部屋顶炸出一个个窟窿，而不能彻底炸毁。而日军司令部的房顶上架着高射机枪对空射击，在密集火力的射击下，2510号战机不幸被击中。

失去控制的飞机迅速坠向地面，阎海文被迫跳伞。阎海文在空中尽量控制降落伞的方向，想降落在我军控制的阵地上。不料，一阵风吹来，把阎海文的降落伞吹得竟向日军阵地飘去。阎海文在空中看到日军一张张凶

中国台湾发行的高志航、阎海文邮票（上图）
1975年9月3日，为纪念抗日战争胜利30周年，台湾邮政发行了以抗日英烈为主题的专题邮票，共一组六枚。其中第二枚为空军英雄高志航，第五枚为空军英雄阎海文。其余四枚分别为张自忠、萨师俊、谢晋元、戴安澜。

保卫南京的高射炮部队（左图）
由于中国空军实力较弱，防空任务很多都由高射炮部队分担。图为保卫南京的高射炮部队。

空军将领刘牧群

刘牧群(1905－1979),原名芳秀,字挺生,福建沙县人。空军将领。抗战中先后担任空军第二路、第一路司令等职。

恶的嘴脸,嗷嗷地叫着"抓活的",向他降落的方向包围过来。阎海文在空中拔出手枪,面对四面八方包围过来的敌人,打死了冲在最前面的5个敌人,最后将手枪对准了自己的脑袋,只听"砰"的一声,阎海文献出了自己年轻的生命。

　　阎海文的英勇行为震撼了全国人民,也震撼了敌人。9月1日,日本大阪《每日新闻》刊登了特派记者木村毅从上海发回的关于阎海文事迹的报道。报道介绍了阎海文牺牲的经过后,感叹道:"中国已非昔日之支那!"日本海军收殓了阎海文的遗体,将他埋葬在上海大场,并建墓立碑,墓碑上刻:"支那空军勇士之墓"。日本军方为自己的敌手建墓立碑并称他为勇士,这是第一次。10月,日本东京新宿举办了一个"中国空军勇士阎海文之友展览会",展览会陈列了阎海文的飞行服、降落伞、手枪等遗物。日本老百姓看了展览会以后,无不敬佩阎海文的英勇,在日本引起强烈反响。

誓与敌舰同归于尽

　　阎海文壮烈殉国后两天,又发生了一件令中国和日本举国上下震惊的事件。

南京中国空军基地

抗战爆发后,中国空军以有限的兵力、劣势的装备,凭借满腔爱国热血和牺牲精神,与日本空军殊死拼杀,屡挫强敌。图为南京中国空军基地。

　　8月19日上午,中国空军第二大队14架轰炸机从广德出发,轰炸停泊在长江口外的日本舰队。飞机编队飞临南汇上空时,904号飞机突然发生机械故障,机翼尾部开始冒出浓烟。驾驶904号飞机的飞行员是沈崇海中尉和轰炸员陈锡纯少尉。这时,飞机的高度非常适合迫降或跳伞。无论迫降或跳伞,飞行员和轰炸员都有生还的希望。飞机下面的南汇,当时尚在我军控制之中。领队命令:

中国空军飞机准备出击

中国空军虽然装备落后,寡不敌众,却英勇顽强。这张老照片中可以看到,中国空军的一支部队正在准备出击,飞行员和地勤人员正在忙碌,一些战机的螺旋桨已经启动。

"904，904，你们立即迫降！""904，904，迫降不行，立即跳伞！"

沈崇海回答："904明白。"沈崇海和陈锡纯心里十分清楚，他们的飞机虽然出现故障，但立刻迫降，成功的概率是很高的。万一迫降失败，弃机跳伞还可以保全生命。但是他们不甘心尚未建功就白白损失一架飞机。他们在空中作出了一个惊人的决定，既不迫降，也不跳伞。沈崇海操纵着已经不听话的飞机摇摇晃晃地慢慢下降高度，在降到2000米的高空时，突然对准一艘日本海军军舰撞去。

日本海军军舰上的官兵发现一架冒着滚滚浓烟的中国飞机直向军舰扑来，吓得一边集中火力对准飞机疯狂射击，一边千方百计调转军舰舰头，企图避开袭击。但是一切都晚了，只听"轰"的一声巨响，904号飞机和日本军舰同归于尽。熊熊大火在海面上形成一片火海，沈崇海的飞机和日本军舰在火海中慢慢沉入海底。停泊在

对空侦察敌情

抗战爆发时，我国防空力量薄弱，而且严重缺乏先进侦察手段，只能使用对空观察哨，以目测、望远镜观察等原始手段侦察空中敌情。

长江口外的日本舰队官兵都看到了这惊人的一幕，他们想不到中国有这样的英雄。

沈崇海和陈锡纯的遗体连同他们心爱的战机在烈火中化为灰烬，在大海中获得了永生。由于当时上海长江口外海域已被日军海军控制，沈崇海和陈锡纯的家人及战友连现场悼念他们的机会也没有，只能遥望大海，献上一捧心中的花瓣。〉华强

南京紫金山抗日航空烈士纪念碑

紫金山抗日航空烈士纪念碑矗立在紫金山航空烈士公墓中，1995年8月落成。碑名由张爱萍将军题写。纪念碑分主、附碑两部分：主碑是15米高的花岗石雕制的飞机机翼，附碑由30块高3米的黑色花岗石碑组成，记载了部分殉国的航空烈士的姓名。

045

中国大事记 9月25日，八路军115师平型关大捷。

〇〇八

黄濬通敌

抗战开始后，少数国民政府官员中的败类被日寇收买。他们盗窃情报，破坏抗战，无恶不作。

蒋介石两次遇险

1937年8月初，日本军队大批开往上海。上海已面临战争随时爆发的险境。南京政府为此非常着急。

8月5日，蒋介石在其主持的紧急军事会议上决定，对停泊在长江中游汉口至江阴间的七十多艘日舰采取军事行动，封锁最重要的江阴要塞，并在江阴至吴淞口的江面执行三线布雷，迫使被困的日舰缴械投降。这一行动如果成功，对即将全面进犯上海的日军是一个沉重的打击。可是就在海军接到密令正待实施时，一夜之间，所有江面的日舰冲出封锁区，集中在吴淞口，反而强化了侵犯上海日军的实力。

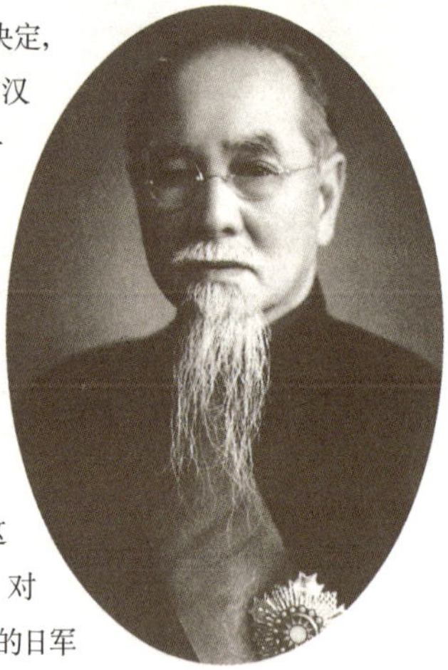

这是一次严重泄密事件。就在蒋介石下令追查此事还没结果时，他自己竟两次遇险，几遭不测。

8月13日之后，日军开始全面进犯上海，蒋介石几次打算前往前线视察，但因日军对海、空做了严密交叉控制，很难保障行程安全。在8月25日召开的军事会议上，他听取了白崇禧的意见：乘英国驻华大使许阁森明天去上海与日本驻华大使会晤之机，搭乘插有英国国旗的轿车前去，以免遭日机轰炸。但散会后，蒋介石突然改变主意，连夜乘自己的轿车，安抵前线。而按时出发的英国轿车，途中却遭到两架日机轮番轰炸，大使也身受重伤。

蒋介石逃过一劫。他心想让日舰逃出长江江面的那次会议，因出席者多达五六十人，而且多是党国要人，难以寻找嫌疑人，而此次知道白崇禧意见的，只有白和蒋介石，以及做记录的行政院主任秘书黄濬等数人。

就在这次泄密事件后一星期，蒋介石到南京中央军校作报告时，忽然有两个可疑分子混进军校，但他们

国民政府主席林森（上图）

林森(1868—1943)，原名林天波，字子超，号长仁。福建闽侯县人。辛亥革命元老，时任国民政府主席，坚决主张抗日。

蒋介石与宋美龄（右图）

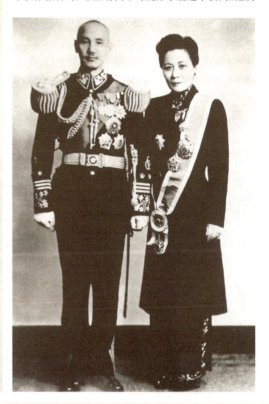

公元1937年

公 元 1 9 3 7 年

世界大事记　8月4日，美国与苏联签署贸易协定。

黄濬　张宪文《蒋介石全传》
　　　黄濬《花随人圣庵随笔》
　　　《抗战中的蒋介石》

黄濬　卖国　阴谋

南造云子

人物　关键词　资料来源

吴淞炮台大炮

吴淞炮台是中国人民近代以来反侵略斗争的鲜活见证。图为保存下来的吴淞炮台大炮，镶嵌在石质炮座中。

发现行踪暴露后，乘车逃跑了，显然这两个人是前来行刺蒋介石的日本刺客。据调查，他俩逃跑时所用车的车牌号与黄濬的车牌号相同。

被收买甘做日特

蒋介石大怒，勒令宪兵司令谷正伦必须在一个月里破案。谷正伦把任务交给特警二队。特警二队专做反日间谍工作。他们通过安插在日本驻南京总领事馆的眼线，得知这段时期黄濬经常去领事馆会晤总领事须磨。

蒋介石听了汇报后，立即下令把侦破目标聚焦在黄濬身上。黄濬早年留学日本早稻田大学时，与须磨是同窗。归国后，因与南京国民政府主席林森是福建闽侯同乡，他顺利进入南京政府。又经须磨拉拢、收买，他与儿子建立了一个为日本服务的间谍网络，出卖民族和国家利益。须磨定期发给他经费，指示他与领事馆秘密串连，还要他与化名为廖雅权的日本高级特务南造云子联络。

南造云子当时已混进了国民政府国防部汤山招待所。这女人能歌善舞、妖媚动人，凭色相勾引了一批高级军官，窃取军事情报，破坏抗战计划。南造云子的本领通天，那份黄濬送来的围歼长江日舰计划，因时间来不及按程序向顶头上司报告，她就直接告知东京总部，使日舰星夜脱险。也正是她从黄濬处得悉蒋介石的行程，就两次策划谋杀蒋介石。

换情报一网打尽

特警二队的侦察人员日夜监视黄濬和他的住宅。一个偶然的机会，一个侦察员结识了黄家女佣莲花。莲花表示愿意协助。

可是此后多天，黄濬没有异常动静，照常早出晚归，即使外出也多是赴行政院处理例行公事。但经侦察员仔细观察，发现他的司机却行迹异常，此人每次外出都骑

中国海军对江阴、淞沪封锁示意图

戴防毒面具的日本海军陆战队士兵向我军射击

淞沪抗战中，日军曾对中国军队大规模施放毒气。图为戴防毒面
具的日本海军陆战队士兵向中国军队射击。

自行车在大街上兜圈子，有时去新街口国际咖啡馆，根
据情报，日本领事馆的小河也常去咖啡馆。

　　一次，侦察员见司机进了咖啡馆，可是很快就出
来了，没有什么可疑之处。
正在此时，莲花前来说，
这个司机匆匆跑进黄家，
把头上帽子取下，朝黄濬
扬了一扬，随即把它挂在
衣架上，自己光着头出来
了。南京9月炎热，哪有人
还戴呢帽呢？

**黄濬著《花随人圣庵摭忆
补篇》**

中国军队高射炮部队进行防空演习

高射炮是抗击空袭的重要力量。图为中国军队高射炮部队进行防空演习。

　　第三天，侦察员跟踪司机进了咖啡馆，见他把帽子挂
在墙上，没多久，日本人小河取走那顶帽子，而留下了一
顶同样的帽子。他们故意在路上制造车祸，撞伤了小河，
取走了那顶帽子，帽子里的确夹带着黄濬亲笔写的情报；
而咖啡馆留下的帽子，里面果然是日本领事给黄濬的指
令，侦察员就调换了一张纸，内容是指示黄濬明晚将间谍
网成员召集，安排任务。

　　第二天晚上，当黄濬父子将间谍聚集时，特警队冲
进来将他们一网打尽。黄濬被捕后，交代了南造云子的潜
伏处。南造云子当即被逮捕，罪证确凿，蒋介石下令处决
黄濬父子，南造云子被判无期徒刑关押在老虎桥监狱。当
日军进犯南京时，她乘乱逃跑，潜往上海继续从事间谍活
动，直到1942年，她在上海霞飞路上被军统特工击毙。

〉华弧

李洪涛《精神的雕像——西南联大纪实》《赵忠尧》

赵忠尧　爱国 机智　人物 关键词 资料来源

〇〇九

赵忠尧教授手捧50毫克镭，从北平行走千里，护送到昆明。它几乎是当时全中国高能物理研究的全部资源。

50毫克镭

赤子丹心，千里护宝。延续科学血脉，赵忠尧居功至伟。

放在咸菜坛子里

赵忠尧于20世纪20年代末留学美国，参与了很多当时世界领先的科学实验。抗战前夕，他回国时，特地从英国剑桥大学卢瑟福博士主持的卡文迪什实验室里，带回了50毫克放射镭。赵忠尧把这50毫克镭安放在清华大学物理实验室。中国的高能物理，从此结束了无镭的历史。

当时中国科技落后，有能力做高能物理研究的，只有北平物理研

中国核事业先驱赵忠尧（上图）

赵忠尧（1902－1998），浙江诸暨人。中国核物理研究的开拓者，中国核事业的先驱之一。1930年在美国麻省理工学院获理学博士学位，后回国任教。抗战爆发后，任西南联大教授。

各大学内迁示意图（下图）

究所、清华大学和南京的高能物理研究室，而从事的工作还停留在理论研讨和情报资料收集的层面上，即便如此，人数也不超过20人，比国民党中央常委的人数还少哩。

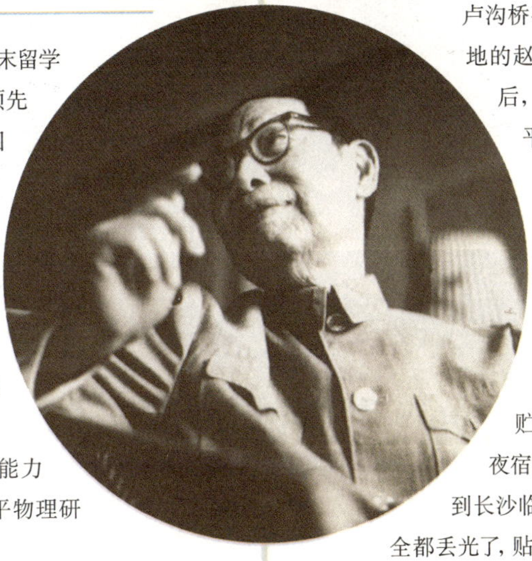

卢沟桥事变，日军侵占北平。正在外地的赵忠尧，听到北平沦陷的消息后，冒着生命危险，只身潜回北平，从清华园实验室里，取走了这50毫克镭。

当时，日军把持北平城内外，层层设防，盘查很严。赵忠尧只能化装成难民，夹杂在逃难人群里。为了避人耳目，他把装镭的铅筒贮放在一只咸菜坛子里，昼行夜宿，通过几道封锁线和搜查。来到长沙临时大学时，他所携带的行李全都丢光了，贴身唯一携带的就只剩那只装有铅筒的咸菜坛子了。

两天两夜不合眼

长沙临时大学改名为西南联合大学后，不久就南迁昆明了。赵忠尧跟随校长梅贻琦等从长沙乘火车到香港，再由香港渡海到越南海防，然后乘火车到昆明。

一路上，赵忠尧紧紧地抱住一只装着那只铅筒的玻璃瓶，为怕丢失，他两天两夜不敢合眼。到了香港以后，因为没有船，他只好耐心等候。学校为了省钱，就在尖沙码头附近租了一个废旧仓库，以供师生住宿。在等船期间，很多人忙里偷闲，上街观光，赵忠尧身处混乱之中更加谨慎，整整一个星期，寸步没有离开旧仓库，睡觉时候，就把铅筒从咸菜坛子里取出，小心翼翼地压在身子

清华校长梅贻琦

梅贻琦（1889—1962），1931年至1948年任国立清华大学校长，是清华大学历史上任期最长的校长。抗战期间，清华与北大、南开三校合并为西南联合大学，梅贻琦于1938年起任西南联合大学校务委员会常委兼主席，主持校务。

底下。

当赵忠尧把那只铅筒安全护送到昆明的时候，人们发现，由于他一直把那只装铅筒的瓶子贴在胸口，他的胸膛皮肤上已经印了两道浅红的血印子。

神秘失踪整三年

因为有这50毫克放射镭，抗战时期的西南联大物理系是当时中国仅有的一个高能物理研究中心，它也集中了高能物理研究的权威，其中一个就是赵忠尧。

1946年，赵忠尧去美国参观比基尼岛核试验，他是观察核试验全过程的第一个中国科学家。此后赵忠尧

西南联合大学旧址

国立西南联合大学纪念碑

国立西南联合大学纪念碑矗立于云南师范大学东北角，立于抗战胜利后，西南联大撤消，北大、清华、南开三校北返前夕的1946年5月4日，纪念碑由西南联大文学院院长冯友兰先生撰文，中文系教授闻一多篆额，中文系教授、系主任罗庸书丹，因而被称为现代的"三绝碑"。

便在美国神秘地失踪整整三年，原来他三年中埋名隐姓，在大洋彼岸为自己祖国搜集核器材。当时他没有生活来源，处境十分困难，幸好获得了当时在美国的厦门大学校长萨本栋教授的资助。

共和国成立的第二年，赵忠尧决定把这批核器材带回祖国。他知道美国封锁严密，就把这些器材拆散，变成旧钢废铁和一般机械零件，终于蒙过了有所怀疑的美国警察。当他所乘的"威尔士总统"号邮船到达日本港时，日本警察却把他扣留了，同在船上的他的学生邓稼先等未归，立即恳求数学家华罗庚上岸交涉。日本警察抓不到任何破绽，只得放行，这时离开船时间只隔五分钟了。　〉盛巽昌

公元 1937 年

世界大事记

8月31日，侵华日军成立华北方面军。

魏碧海《铁流东进：八路军115师征战记》

板垣征四郎 林彪 三浦敏事

英勇 谋略

人物　关键词　资料来源

红军改编为八路军后，立即向敌后挺进。八路军第115师取道五台山，随后东向灵丘、涞源，在平型关打了一个振奋全国的胜仗。

平型关大捷

铁流东进，初撄敌锋。
大战平型关，倭寇心胆寒！

选地形做好伏击准备

进犯山西的日本第5师团是一支装备精良的部队，司令官板垣征四郎，通晓中国兵法，并能说一口流利的中国话。早在一年前，他就化装到雁门关和平型关一线作了详细勘察，认定平型关工事薄弱，有隙可趁。攻下平型关，可以迂回侧击，直捣太原。

平型关古称"瓶形关"，因关前地形如"瓶"而得名，关隘两侧山势险恶，北有恒山，南有五台山，两山之间是一条谷地山路，最窄处只能行驶单辆汽车。

平型关战役缴获的日军水壶（上图）
115师部队向平型关疾进（下图）
1937年9月23日，八路军115师部决定在平型关东侧山地设伏歼灭日军一部。战斗命令下达后，115师主力以685、686、687、688团的战斗序列向平型关疾进。

1937年9月14日，115师林彪、陈光带343旅抵达平型关西二十余公里的大营。经实地考察，认为此处是伏击来敌的好地方。23日，聂荣臻带344旅也赶来支援，做好了在平型关东侧山地设伏的部署。24日晚，杨得志、陈正湘的685团，李天佑、杨勇的686团进入了伏击阵地；杨成武的独立团插到敌后，阻击来自涞源和广灵两方面的援军。

歼顽敌大振军威

25日凌晨，埋伏在公路两侧的八路军听到前面山沟

平型关战斗中八路军指战员与日军展开激烈的肉搏战

林彪、聂荣臻在师指挥所
平型关战斗中，115师指挥所设于高山上，俯瞰全局。图中左一为林彪，左三持望远镜观察地形者为聂荣臻。

装。这样,当日军汽车一进入伏击圈,很多车胎便纷纷破裂了。

日军被打得晕头转向。敌人陷入死亡的包围圈。伏击的八路军战士,排山倒海,呼啸着冲向公路。被打昏的日军,毕竟是长期训练的精锐。当他们醒悟过来后,迅速集结,以汽车为掩护,进行反击。

经过激烈拼杀,战场制高点老爷庙被我686团牢牢控制。负隅顽抗的日军被分割成一块一块之后各个歼灭。三浦敏事少将望眼欲穿的援军被杨成武的独立团死死挡在腰站,损失三百多人,自顾不暇。直到黄昏,才有少数残敌从晋绥军把守不严的东跑池侥幸逃脱。

傍晚,战斗结束。共歼灭日军一千余人,并缴获了大批辎重物资。这一仗极大地振奋了全国的民心、士气,提高了八路军的威望。后来115师687团到晋南招兵,仅一个星期就招了三千多人。　〉盛兴昌

平型关战斗一角

里传来了汽车"隆隆"的马达声。过了一会,日军板垣师团的第21旅团长三浦敏事少将率领的辎重部队出现了。走在前面的是几十名步兵,接下来是三路队列,紧跟其后的是一百多辆装载军需物资的汽车,而后是二百多辆大车和骑兵。坐车和骑马的日本兵斜背着枪,傲慢十足。

这时,空中升起两颗闪亮的信号弹。眨眼间,两侧伏军枪炮齐发,把拥挤在公路上的日军打得人仰马翻。这时,走在前面的几辆汽车瘫痪不动了,正好被打来的迫击炮当作目标炸毁,它的废壳子堵在窄路上,挡住了敌人。这时跟在后面的汽车群轮胎又"嘭嘭嘭"爆裂,停止了前进。原来在战前,八路军战士从当地农家收集了大批铡刀,在日军必经之路预先挖好一道道浅沟,把铡刀刀刃朝上,或横或竖露出地面,然后用松土做好伪

平型关战役胜利品:怀安地形图

平型关战役共歼灭日寇一千余人,击毁汽车百余辆、马车200辆,缴获甚多。图为平型关战役的胜利品之一:日军测绘的十万分之一比例怀安地形图。周恩来同志将此图签名赠予了国民政府军政部的李华英(号小川)。

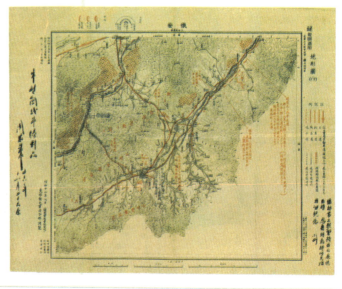

《八一三淞沪抗战》
壮志　坚贞
谢晋元
人物　关键词　资料来源

淞沪抗战临近尾声，中国军队的一个加强营在副团长谢晋元率领下坚守四行仓库，大挫倭寇凶焰，为中华民族和军队赢得了光荣。

四行孤军

八百壮士守四行，铁血奋争民族光。孤军抗敌终不辱，谢公尽忠为国殇。

临危受命

八一三淞沪抗战后，国民党军队开始撤出上海，但决定派88师一个加强营留守在苏州河边的四行仓库，以示抗战到底的决心。师长孙元良征求团以上军官的意见，问谁愿意留守？第524团团副谢晋元中校第一个站起来说："我愿留下。"

10月26日晚，88师主力已经西撤，日军先头部队进入闸北。谢晋元正式受命率一个加强营悄悄进驻四行仓库。至10月27日清晨，4个连的部队全部集中于四行仓库，计420人，有轻机枪27挺，重机枪2挺，高射机枪2挺。

四行仓库是金城、盐业、中南、大陆四家银行信托部的物资堆栈，位于西藏路以西的苏州河北岸，楼高7层，长120米，宽15米，是一座钢筋水泥的坚固建筑，易守难攻。当时除苏州河南的公共租界外，仓库的西、东、北三面均已被日军占领，形势十分险恶。

谢晋元知道这一任务的危险，做好了有去无回的一切准备。他召集全体官兵作了战前动员，说："国家兴

张治中、刘峙公祭后与投送国旗给四行孤军的杨慧敏合影

谢晋元（前坐者）与坚守四行仓库的第一营四位连长

亡，匹夫有责。我们是中国人，要有中国人的志气。现在我们四面被日军包围，这仓库就是我们的根据地，也可能是我们的坟墓。只要我们还有一个人，就要同敌人拼到底！"

壮士名声传扬全国

10月27日清晨，四行孤军发现一支日军部队举着太阳旗正由东向西搜索前进，立即做好战斗准备。

日军渐行渐近，快接近四行仓库时，谢晋元一声令下，大楼内顿时射出了愤怒的火舌，日军七十多人应声倒

硝烟笼罩下的四行仓库
日军对八百壮士据守的四行仓库发动了数次疯狂的进攻，四行仓库在硝烟中岿然不动，国旗在仓库上空猎猎飘扬！

八百壮士浴血奋战
在日寇的疯狂进攻面前，八百壮士在谢晋元（挺立持枪者）指挥下凭借沙袋筑成的工事英勇杀敌。

地。日军原以为国军已经全部撤离了市区，根本想不到在这座仓库里还留守着一支劲旅，因而猝不及防，损失惨重。恼羞成怒的日军立即还击，却因四行仓库的大楼墙壁厚实，机枪、步枪无能为力，不得不停止进攻，暂且退下。

上午10时，日军再次组织进攻，仍然无功而返。想使用大炮轰击，又怕炮弹落到公共租界引起英美干涉，于是改为火攻。日军引燃了仓库附近的民房，顿时，火借风势袭向仓库，滚滚浓烟将整座大楼笼罩在烟雾里。日军乘机发动进攻，四行守军在谢晋元的指挥下，部分官兵阻击敌人，部分官兵打开水龙头，拿出脸盆，用水洒向浓烟。敌人的火攻没有得逞。

从这一天开始，日军几乎天天组织疯狂进攻，四行孤军与之激战4天4夜，共击退日军6次围攻，毙敌二百余人，我军牺牲5人，负伤32人。

战士陈树生发现一部分日军已经偷偷冲到四行仓库大门，而此处是火力射击的死角。在这危急时刻，他来不及多想，甚至来不及请命，将一捆手榴弹绑在自己身上，拉开导火线，从五楼窗口跳入敌群，与二十多名日军同归于尽。

租界的记者无法进来采访。有一个法国记者，通过

谢晋元追悼会

关系将一份书面采访提纲送交谢晋元，其中一个问题是：四行守军到底有多少人？谢晋元回答："守军有八百人。"经过中外报纸的宣传和上海市民的口口相传，八百壮士的名声大振，他们的英勇事迹传遍了国内外。

永远缅怀抗日英雄

中国统帅部认为守军已经达到了预定的目的，命令孤军11月1日退入租界。谢晋元和全体官兵接到撤离命令，人人情绪激昂，声泪俱下，不愿离去。谢晋元在电话里对师参谋长说："全体壮士早已立下遗嘱，誓与四行仓库共存亡。但求死得有意义！但求死得其所！"

然而军令如山，不容违抗。11月1日凌晨，四行孤军在火力的掩护下，经过西藏路桥

谢晋元墓

谢晋元牺牲后，举国震惊，被隆重安葬。1983年春，上海市政府于虹桥万国公墓（即宋庆龄陵园）重建其陵墓，以彰其"参加抗日，为国捐躯"的光辉业绩。墓碑大书"追赠陆军步兵少将谢公晋元之墓"、"四行孤军全体属敬"等字样。

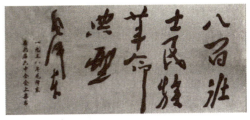

毛泽东为八百壮士题词条幅

八百壮士浴血奋战的壮举举国钦敬。图为毛泽东为八百壮士题词的条幅，上书："八百壮士民族革命典型 毛泽东"，落款为"一九三八年毛泽东主席在六届六中全会上亲书"。

分批撤入公共租界。撤退中，2人阵亡，24人受伤。

租界当局慑于日军的威胁，在守军撤入租界后，解除了他们的武装。并将他们运至胶州路兵营羁留，派租界的准军事武装部队——万国商团看押。谢晋元等人原以为撤入租界后，可以经沪西方向归队，继续与日军战斗。但现在他们只能一边向租界当局抗争，一边等待国民党政府与列强交涉。

孤军营实际上就是俘虏营，几排简陋的营房，外围铁丝网，外面有万国商团站岗看守。进入孤军营的官兵共有377人，他们失去了行动自由，只能在铁丝网内活动。谁知这一呆，竟是4年又1个月零17天（1937年11月1日至1941年12月18日）。其间发生过万国商团抢旗事件，导致3位士兵殉难，11人受伤。日军的魔爪也不时伸向孤军营，甚至威逼利诱，企图拉谢晋元下水，都被他严词拒绝。

1941年4月24日清晨，孤军营像往日一样列队集合，准备出操。被敌伪收买的士兵郝鼎诚等4人忽然发难，用洋镐凶残地杀害了谢晋元。凶手当场被捕获，移送上海公共租界当局法办。谢晋元牺牲时，年仅37岁。同年5月，谢晋元被国民政府追赠为陆军少将。

新中国成立后，上海人民为了纪念谢晋元烈士，把四行仓库附近的一条马路改名为晋元路，并设立"晋元中学"表示对这位抗日英雄的永远怀念。 〉邢建榕

055

中国大事记　10月13日至11月2日，忻口战役。

○一二

梅花镇抗日誓师

大军南撤，吕正操独撑危局。
驰骋冀中，自卫军义旗高举。

吕正操指挥的梅花镇之战，是卢沟桥事变后河北境内的第一个胜仗。此役过后，冀中平原风起云涌，展开了令敌胆寒的全民游击战。

拒绝南撤留下打游击

1937年10月初，东北军万福麟的53军从河北南撤，部队撤到滹沱河南的梅花镇时，日军已尾追而来。691团奉命殿后，掩护全军继续南撤。

691团团长是吕正操，他在参加西安事变后的1937年5月加入了共产党。他眼见大军已撤至滹沱河，再南撤要接近黄河之滨了。这时，吕正操接到了中共中央北方局的指令，要他率部留在敌后，组织地方民众，开展抗日游击战。

10月10日下午，691团先头部队来到藁城梅花镇东北的束鹿县半壁店时，发现对面有日军骑兵队过来，他们凭借村头有利地形，出其不意，痛创敌军，并击毙日军少尉队长等人，还缴获了一批战马。

吕正操在反敌"五一大扫荡"前线　（上图）
1942年5月1日，侵华日军纠集日伪军五万余人，在空军的配合下，出动坦克、汽车几百辆，由华北驻屯军司令冈村宁次亲自指挥，对我冀中军民发动了空前残酷、野蛮的"铁壁合围"式的大扫荡。图为吕正操将军在反"五一大扫荡"前线指挥作战。

当晚，691团进驻梅花镇。吕正操连夜巡视全镇，安排将士构筑工事，还凭借旧围墙，开挖单人掩体。他决心要在这里漂亮地打一仗。几个小时后，日军板垣师团两个大队图谋报复，从西北方向向梅花镇发起进攻。691团第一营首当其冲，沉着应战，并在炮火配合下，将冲锋的日军打得落花流水。到第二天拂晓时，他们先后击退敌人九次进攻，歼敌二三百人。

这时，早已远去的军长万福麟和691团隶属的师长、旅长，分别打来电报，命令吕正操丢掉第一营，率其余人马南撤。吕正操没有听命丢掉第一营，反而从三个营中抽出兵力接应一营。外强中干的敌军，见有援军，急忙撤走了。

死了是烈士，活着是英雄

吕正操乘胜转移阵地。但他并没遵照军部命令南撤，而是率领全团向梅花镇东北挺进！10月11日深夜，691团来到了晋县城北十里的小樵镇。

夜深了，全团官兵为了不惊动当地民众，悄悄地翻过护墙，露宿在街头巷尾。

秋天的清晨，薄雾还未散尽，小樵镇居民打开家门，只见街头巷尾睡的尽是穿军装的官兵。他们感到诧

聂荣臻指挥作战
1937年11月7日，八路军晋察冀军区成立。图为聂荣臻司令员（站立者）在指挥作战。

方小宁《大行健——百岁开国上将吕正操》
郑尚可《吕正操传》

果断　勇敢

吕正操

人物　关键词　资料来源

吕正操部与地方游击队第三纵队活动在大清河上

异，好多年来还没见过这样不扰民的军队呢。有居民问："你们从哪里来？"

吕正操回答："我们是东北军。九一八事变，我们的老家被日本人强占了，现在日本人又把战火引向华北。我们脱离了只顾自己撤退的万福麟，决心抗日救国打日军。昨天我们就在梅花镇打了一仗。"居民们恍然大悟，原来打得日军落花流水的就是这支军队！不由敬佩得个个竖起了大拇指。有的居民问："你们怎么睡大街呢？"

吕正操说："乡亲们，很抱歉。我们没有经你们同意就进镇来了。因为宿在镇外，容易被日寇发现。如果日寇反扑过来，也要连累你们的呀。"居民们听了更是肃然起敬。很快军民就打成一片，当地居民筹款送粮，支灶做饭。

吕正操就借当地小学校召开由赵承金、沙克等参加的官兵骨干会议。他说："今天摆在我们面前的只有一条路，挥师北上，到敌后去打游击！"又说，"和日本人打，死了是烈士，活着是英雄。"他的话得到一致赞同。三天后，691团改称人民自卫军，推选吕正操为司令。

联合抗日名震冀中

人民自卫军立即北上。在博野，吕正操会见民军司令张仲瀚，双方商定联手抗日。接着在中共保属省委配

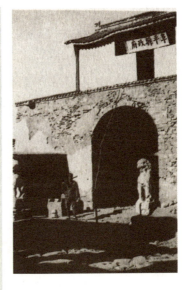

阜平县政府正门
1937年11月，晋察冀军区与吕正操的冀中部队实现联合，军区机关从五台移驻冀中重镇阜平县。图为阜平县政府正门。

合下，攻破了高阳城。

人民自卫军名震冀中，民众踊跃参军，各路地方武装纷纷加盟。吕正操对凡拥护共产党抗日主张的人马一律欢迎，给予自卫军番号。人民自卫军迅速由原有的1600人发展到5000人，编成了四个团和一个特务营。以后又扩编为八路军第三纵队，并在晋察冀军区领导下成立冀中军区，吕正操任第三纵队司令员兼冀中军区司令员。从此，它像一把钢刀插进日寇的心脏，这正是：

　　冀中大地风雷起，
　　痛歼日寇逞神威。　〉盛巽昌

〉历史文化百科 〈

〔吕正操巧对张学良〕

吕正操抗战时转战冀中，开展平原游击战争，尤以地道战、地雷战而闻名于世。

1991年5月，吕正操受邓颖超委托赴美国纽约访张学良将军，两人相隔已五十四年矣。张说："必之呀，我现在迷信了，信上帝。"吕随口对道："我也迷信了。"张不解："你迷信什么？"吕答："我迷信老百姓。"张学良大笑，指之说："我知道，你叫地老鼠。"此即称吕于冀中开展地道战、地雷战也。

中国大事记

10月15日，伪“晋北自治政府”成立。

〇一三

郝梦龄魂断忻口

保家卫国，郝梦龄慷慨请缨。殒于阵前，垂青史无愧将星。

国民党第二战区司令长官阎锡山为了保卫太原，设下了长城和忻口两道防线。1937年10月1日，日军突破长城防线，忻口成为保卫太原的最后一道防线。激烈悲壮的忻口会战拉开了序幕。

丢进痰盂里的遗嘱

国民党为了守住保卫太原的最后一道防线，在忻口投入了14个师8万人，由第二战区副司令卫立煌任前敌总指挥。卫立煌任命第9军军长郝梦龄为中央地区前敌总指挥，奉命防守忻口西北侧南怀化阵地。

郝梦龄在北伐战争时期任国民革命军第4军第2师师长。抗日战争爆发后，任第9军军长。郝梦龄认为日军在中国的国土上长驱直入，是中国军人的耻辱，屡次要求上战场，终获批准。忻口会战前，郝梦龄路过武汉，与家人诀别。他对妻子、女儿说：“我爱你们，但更爱我们的国家。”他写了一份遗嘱给女儿惠英，嘱咐她3天后再念给家人听。尚不懂事的女儿当时就要拆开来看，郝梦龄轻轻摸了摸女儿的面颊，将遗嘱慢慢撕掉，丢进痰盂。

郝梦龄离开武汉后，他女儿将痰盂里的纸片一一拼凑起来，才知道原来是父亲的遗嘱。遗嘱写道：“此次北上，抱定牺牲。万一阵亡，你要听母亲调教，孝顺汝祖母老大人。至于你等上学，我个人没有钱。将来国家战胜，你等可进遗族学校。留于惠英、惠兰、荫槐、荫楠、荫森五儿。父留于1937年9月15日。”女儿惠英哪里会想到，武汉一别，竟是与父亲的永别。

守在何处，死在何处

忻口会战开始前一天，郝梦龄给妻子留下遗言。10月11日，忻口保卫战打响。日军以飞机、坦克、大炮组成立体火力网，五六万人向忻口西北侧南怀化阵地及制高点1200高地发起猛烈攻势，企图实现中央突破战术，战斗异常惨烈。

郝梦龄身知肩负的使命重大，一到前线便率领54师师长刘家骐视察阵地，指挥战斗。在阵地上，郝梦龄看到我军因为缺少钢筋水泥，士兵们只能用高粱秆子与砂石构筑工事。他对刘家骐说：“这样简陋的工事，我们是要付出血和生命的代价的。”

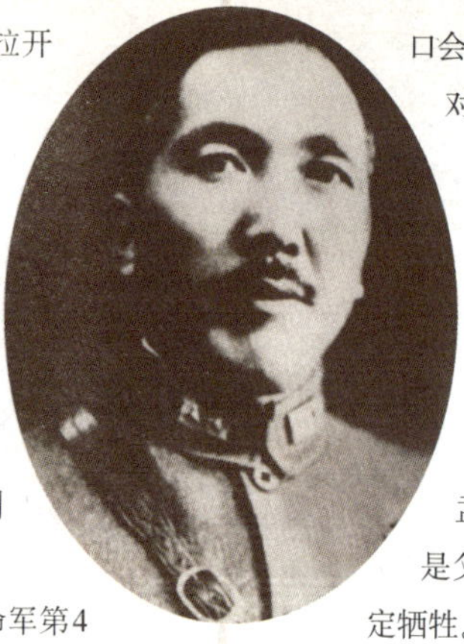

英雄军长郝梦龄（上图）

郝梦龄（1898－1937），字锡九，河北藁城人。抗战爆发时任国民革命军第九军军长，1937年10月16日凌晨在忻口战役中以身殉国。

郝将军最后遗书（下图）

1937年10月10日，郝梦龄将军在忻口写下了给家人的最后遗书，抒发了舍生取义的壮志豪情和对亲人的殷切思念。这篇遗书现藏于湖北十堰市档案馆。

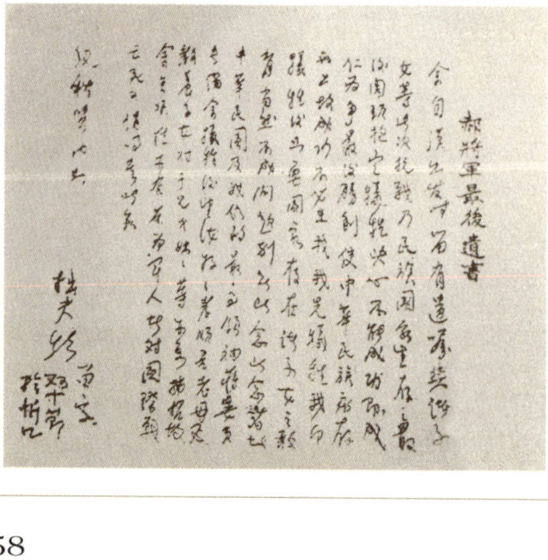

郝將軍最後遺書

公元1937年

世界大事记

9月10日至14日，英、法、苏、南斯拉夫、土耳其、保加利亚、罗马尼亚、埃及于法国尼翁签订关于制止战争中海盗行为的《尼翁协定》。

人物　关键词　资料来源

郝梦龄　刘家骐　郑廷珍
何俊良《民国时期重大事件纪实》
武克全《抗日战争大事典》
爱国　悲壮

郝梦龄烈士墓园

郝梦龄烈士墓园位于武汉市伏虎山西北侧的山腰间，为市级文物保护单位。墓分为墓身和墓碑两部分，墓身高0.8米、宽2米、长3米，呈椭圆形。墓碑高3米、宽1.1米、厚0.75米，用水泥、砖、沙砌成小塔，表层为水磨石，呈灰黑色，颇具民族风格。墓碑的正中镌刻着"郝梦龄烈士之墓"七个隶书大字。

因为工事过于简陋，郝梦龄亲眼看到一个营拉上去，不到十分钟就伤亡过半。营长命令士兵："你们把尸体垒起来做掩体！"活着的士兵不忍心，说："他们已经死得够惨了。"营长说："这是打仗，顾不了这么多。我要是死了，你们一样可以把我垒起来当掩体！"

郝梦龄手上既无钢筋，又无水泥，他给士兵打气说："弟兄们，我从一个连长升为军长，打了多少仗？只有今天打的仗才是真正的抗击外侮。我抱定与大家同生死的决心，在武汉就已经给我的家室写了遗书。"

10月12日，南怀化主阵地

〉历史文化百科

〔忻口〕

忻口，自古以来为军事要地，《魏地志》记载："汉高祖出平之围，还军至此，六军忻然，因得名。"北齐、北周以及五代时期，忻口都是中原王朝与北方少数民族争夺的关口。忻口地处忻县，定襄盆地北部，是五台山、云中山两山峡谷中的一个隘口，为出入晋中的交通要道和战略咽喉，是保卫太原的最后一道防线。

被日军攻破，敌我双方步炮兵主力在忻口西北、南怀化东北的204高地上，展开了激烈的拉锯战，一昼夜阵地竟易手13次之多。郝梦龄所部夺回高地后，伤亡巨大，但郝军长激励将士继续英勇作战，并于次日清晨继续向南怀化、新陈庄之敌反击，但友邻动作迟缓，进展甚微，损失惨重。郝军长在《阵中日记》中写道："连日昼夜炮战甚烈，五日来，已伤团长一员，营长五员，连长二十员，士兵数百名。""今日督战，李（仙洲）师长负伤，戴（慕真）团长负伤，官员受伤过多。往日见伤兵多爱惜，此次专为国牺牲，乃应当之事。"郝梦龄视死如归的爱国之情，跃然纸上。

10月15日夜，卫立煌总指挥增派七个旅交郝梦龄军长指挥，由正面出击，两翼同时出击策应，以期夹击敌人。16日凌晨，我反攻大军分数路扑向日军阵地。郝梦龄与54师师长刘家骐亲自到前线督战，部队士气大振，连克几个山头。凌晨5点，天色微明。郝梦龄为防止黎明

忻口抗战纪念墙

1997年，忻口会战60周年时，山西省政府在忻口村附近建忻口抗战纪念墙，缅怀为保卫祖国而在忻口会战捐躯的英烈们。墙正面刻有"忻口抗战纪念墙"字样，下面是一组夜袭阳明堡机场、忻口炮战浮雕，右侧面是阵亡的部分官兵姓名，左侧面为《忻口会战记》。墙顶塑有三名官兵形象，两人为战士，分持大刀、步枪，一人为指挥员，手持望远镜，凝视前方。

中国大事记

10月16日，郝梦龄在忻口会战中牺牲。

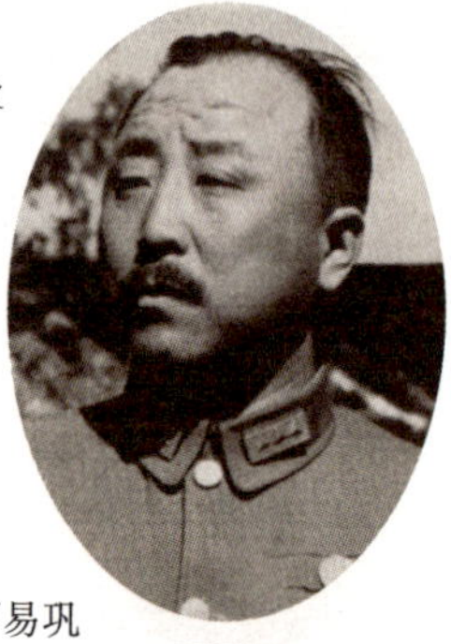

抗日将领卫立煌（上图）
卫立煌（1897—1960），字俊如，爱国将领，安徽合肥人。忻口战役中，任前线总指挥。

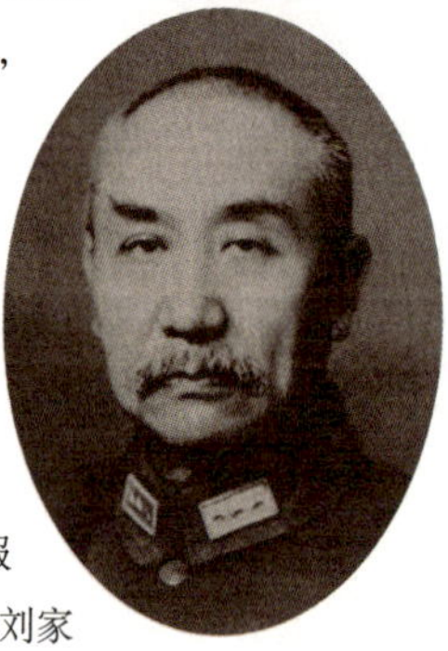

山西土皇帝阎锡山（下图）
阎锡山（1883—1960），字百川（伯川），号龙池，山西五台县河边村（今属定襄）人。早年赴日本学习军事，参加过辛亥革命，长期主政山西，时任第二战区司令长官。

明后阵地受敌人炮火威胁不易巩固，决定乘胜追击，肃清残敌，于是挥师奋进。敌军溃败，以强大火力掩护撤退。郝、刘二将军靠前指挥，已接近散兵线，距敌人仅有200米。在通过一段隘路时，郝梦龄被敌人的机枪子弹击中，倒下后仍力呼所部杀敌报国，而后壮烈牺牲。54师师长刘家骐、独立第5旅旅长郑廷珍也同时殉国。

忻口战备窑洞遗址
抗战前，山西省为战备，在忻口修建了一批战备窑洞，并在忻口会战中发挥了重要作用。这孔保存下来的窑洞编号为第五号。

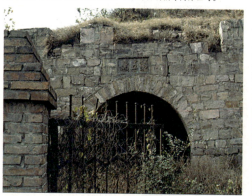

大勇摧敌，大仁卫国

郝梦龄是抗日战争中国民党牺牲的第一个军长。10月24日，郝梦龄、刘家骐的灵柩运回武汉，武汉二千多人在火车站迎接灵柩。11月5日，武汉万人举行公祭。公祭会上，花圈如海，挽联无数，其中以国民党元老于右任的挽联最有气势："大勇摧敌，大仁卫国，人类浩气不息，世界公理不灭。"

死者长已矣，然而无法告慰死者的是，国民党军这时已从忻口全线撤退，抛洒将军鲜血的那一片河山已经沦陷。1937年12月6日，国民党政府下令追赠郝梦龄为陆军上将、刘家骐为陆军中将。武汉市将汉口北小路改名为郝梦龄路。次年3月12日，毛泽东发表演说，赞扬郝梦龄、刘家骐："从郝梦龄、刘家骐到每一个战士，无不是中国人民崇高伟大的模范。"1983年，国家民政部追认郝梦龄、刘家骐、郑廷珍为革命烈士。 〉华强

忻口战役中被击落的日军飞机

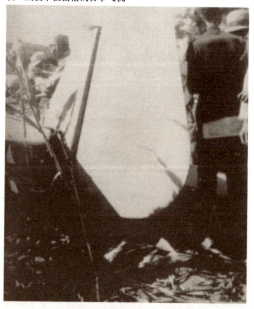

公元 1937 年

世界大事记

9—10月，法属摩洛哥爆发民族大起义，遭法殖民当局镇压。

陈锡联 赵崇德　　谋略 英勇　　何俊良《民国时期重大事件纪实》

人物　　关键词　　资料来源

〇一四

奇袭阳明堡

步兵打飞机，军史传伟绩。
捷报惊中外，八路真堪奇！

忻口会战打响后，日军的飞机非常猖狂。一架架飞机不分白天黑夜地从北方飞临我阵地上空，与日军地面部队形成立体作战模式，并对我太原、忻口后方机关轮番实施轰炸，对我军构成严重威胁。

陈锡联突发奇想

这时，八路军129师769团团长陈锡联在代县苏郎口一带开展游击战，他们团吃过日军飞机的苦，被炸死、炸伤不少战士。大家看到日本飞机，恨得牙痒痒的，却不知道如何才能将飞机打下来，也不知道日军机场在哪儿。

有一天，陈锡联看着天上一架一架超低空飞过的日军飞机，突发奇想：这玩艺儿在天上逞能，在地下不就是一堆金属吗？我们能不能用机枪、步枪和手榴弹炸毁这些金属做的玩艺儿呢？

陈锡联把几个营长召集过来开会，将他的想法说与大家，问大家："你们看能打不能打？"几个营长异口同声地说："打吧！早就憋不住这口恶气了！"3营营长赵崇德跃跃欲试，说："团长，你领着咱们干吧，我就不信手榴弹对付不了那些玩艺儿！"陈锡联决定先摸清情况，特别是摸清日军机场的所在地以及机场布防情况。

陈锡联听说附近住着一个晋绥军的团长，刚和日军交过手，从前线退了下来，于是陈锡联特地前往拜访。谁知这个团长一谈到日本人的飞机就惊慌失措，他心有余悸地说："日本人的飞机太厉害，我这个团的弟兄们被日本飞机炸得死的死，伤的伤，都没几个人了。"陈锡联说："我们找你，就是想炸掉日本鬼子的飞机，你知道小鬼子的飞机是从哪里飞出来的吗？"这个团长摇摇头，一脸轻蔑地说："不知道，就你们几个人，几支破枪，还想炸鬼子的飞机，不是找死吗？"赵崇德在边上一听就发火，被陈锡联拦住

赵崇德烈士

赵崇德（1910—1937），河南商城人。出身贫寒，1930年参加红军，历任排长、连指导员、营长，参加了红四方面军的长征。抗战爆发后，任129师769团三营营长。1937年10月19日，赵崇德在阳明堡战斗中壮烈牺牲。

抗战时的陈锡联

照片最左侧席地而坐、笑着摆弄缴获的日军重机枪的就是陈锡联。陈锡联（1915—1999），中国人民解放军著名高级将领，1955年被授予上将军衔。抗战爆发时任129师769团团长。

八路军129师第一任政委张浩

张浩即林育英（1897－1942），字祚培，又名林仲丹，化名张浩，林彪的堂兄，湖北黄冈人，党的早期革命家。

了。晋绥军团长的话给大家刺激很大，从反面激励了大家的斗志。赵崇德气呼呼地说："我真想扇他两记耳光！咱们非得把飞机打下来给他看看！"

细侦察发现机场

陈锡联亲自带着几个营长四处侦察，终于在距他们驻地不过十里远的地方发现了一个飞机场，这个地方叫阳明堡，隐蔽在五台山脉里一块相对开阔的地方。

陈锡联举起望远镜，仔细观察阳明堡机场，发现在阳光的照耀下，有二十多架日军飞机整齐地停在机坪上，闪着耀眼的光芒。赵崇德接过望远镜，继续观察机场周围的地形。他突然发现，在机场的铁丝网外面，一个慌慌张张的农民，甚是可疑，立刻报告陈锡联。陈锡联说："找这个人问问！"

陈锡联等下了山，在半道上截住了这个农民。农民吓坏了，陈锡联安慰他说："老乡，不要怕，我们是八路军，专门打鬼子的。"农民定下神来，告诉陈锡联，说他家距机场不远。鬼子杀了他的妻子儿女，把他抓到机场，每天给鬼子搬汽油、搬炸弹，天天吃不饱，还要被鬼子打骂，刚刚找了一个机会从机场逃跑出来。农民说了他所了解的阳明堡机场的情况：阳明堡镇上驻扎有日军一个联队，而阳明堡机场只有一个警卫队。农民表示，八路军如果打机场，他愿意为八路军带路。

陈锡联经过周密策划，决定1营、2营负责破坏阳明

阳明堡日寇（上图）
1937年10月，忻口战役，侵华日军快速部队在晋北代县阳明堡一带集结。

版画《火烧阳明堡飞机场》（下图）
版画《火烧阳明堡飞机场》作于1938年，描绘了八路军129师769团三营指战员夜袭阳明堡飞机场，烧毁日寇24架飞机的壮举。作者艾炎（1914－1991），著名版画家。

敌炮逞凶

1937年10月,忻口战役,晋北西泥河附近的日军西村炮兵部队对南怀化、红沟间高地集中轰击。

堡通往外面的公路和桥梁,阻击阳明堡镇上驻扎的敌人,3营营长赵崇德负责解决阳明堡机场的飞机。

毁机场震惊世界

　　10月19日晚上,赵崇德在农民的带领下率领3营摸到阳明堡机场,从铁丝网下爬了进去。赵崇德命令10连负责对付机场守备队,11连负责炸毁飞机。11连的战士趁着夜色悄悄摸到飞机下,这些农民出身的战士第一次近距离见到飞机,面对如此庞然大物,一时不知道从哪里下手。一个战士举起枪托狠狠地砸飞机翅膀,却没有什么反应。另一个战士用枪托砸飞机轮胎,枪托弹回来,差一点伤了自己。赵崇德见状,连忙说:"大家别乱来,看我的,把手榴弹扔到飞机的机舱里!"说着,给战士们做了一个示范,"轰"的一声,一架飞机被炸毁了,冒起了熊熊大火。

　　随着飞机的爆炸声接连响起,10连与日军守备队交上了火,机关枪和手榴弹的声音响成一片。日军守备队的钢炮也发出了吼叫,但这些炮弹有的却落在了飞机上。日军见钢炮无法发挥作用,"嗷嗷"地叫着冲到机场

崞县陷落

1937年,忻口战役序幕拉开,侵华日军在猛烈的炮火、坦克和飞机支援下攻打晋北崞县。中国守军第19军主力奋勇阻击直至白刃鏖战,坚守一周,战斗十分惨烈。驻守崞县西关独立第七旅马延守部一个团全部殉国,团长刘连相、石焕然阵亡。崞县陷落,日军在查看重机枪。

上,双方以飞机为依托,展开了肉搏战。

　　赵崇德连续向3架飞机的座舱投掷了手榴弹,在向第四架飞机投掷的时候,敌人一串机枪子弹扫过来,赵崇德倒下了。一个战士将手榴弹捆在身上,高呼"为营长报仇",冲向敌群,与敌人及飞机同归于尽。短短二三十分钟的时间,日军24架飞机全部爆炸起火。当日军的一个装甲中队赶过来增援时,八路军已全部撤退,留给鬼子的是阳明堡机场的熊熊烈火。

　　在这场短兵相接的战斗中,八路军五十多人阵亡,负伤三十多人。当时由于伤病员无法及时转移,受伤战士纷纷投身于烈火之中,没有一个当俘虏。

　　八路军夜袭阳明堡的消息传开后,国民党军事机关开始还不相信,说八路军能用手榴弹打飞机?可是,19日以后,天上果真见不到日军的飞机了。随着新闻记者的采访和报道,陈锡联奇袭阳明堡机场成为当时报纸的头条新闻,并传遍中外,为抗战史和军史写下了光辉的一笔。　＞华强

中国大事记

10月19日，八路军129师769团夜袭阳明堡敌飞机场，烧毁敌机24架，创造了中国抗战史上以步兵歼敌空军的范例。

〇一五

雁门关伏击战

龙跃黄河，贺师长挥师入晋。
虎啸雁门，英雄团痛歼顽敌。

雁门关之战，是八路军挺进抗日战争前线初期的一次著名战役。它切断了日军的主要交通线，为牵制日军对忻口前线的增援做出了重大贡献。

贺龙布下奇兵

这天，在山西北部通往神池县的一条公路上，两位军人，策马狂奔，尘土飞扬。他俩是八路军120师716团团长贺炳炎和政委廖汉生，是赶往义井村师部参加重要军事会议的。

前一天，师长贺龙收到朱德、彭德怀的电报，要求他们派部队以灵活动作，袭击敌人侧背，配合忻口会战。

两人赶到师部，只见端着烟斗的贺龙指着军事地图上的一个地方说："我们师要在这个战场上同敌人打一仗。"

雁门关（右图）

雁门关位于山西省代县，在城西北大约40华里的地方，又名"西陉关"。雁门关自古为军事重镇，有"天下九塞，雁门为首"之誉。

八路军120师指挥员在雁门关观察地形（下图）

图为八路军120师指挥员在雁门关观察地形，右起：贺龙、周士第、关向应、甘泗淇。

刚定下神来的贺炳炎轻声说："雁门关。"

"对，就在雁门关！"贺龙说，"眼下忻口战役正在进行，敌人每天要从大同经雁门关，不断向前线输送弹药和给养。这是敌人的一条重要运输线。

但他们以为这一带是后方，所以戒备松懈。我们就得利用敌人的疏松，给他们一个致命打击！"

前不久，贺龙指挥120师袭击日军，摧毁车辆，夺敌物资，切断了日军的宁武与平型关两路交通线。如今，日军的交通线只剩雁门关这一路了。

会后，贺龙正式命令贺炳炎、廖汉生率第716团直属队和第三营组成贺廖支队北插雁门关，破击日军这一路交通线，并叮嘱："与鬼子交手，一定要小心，万不可大意！"

独臂团长杀敌

贺炳炎在长征时右臂中弹，在没有麻醉药和手术刀的情况下，医生用木工锯截掉了他的右臂。仅仅过了6天，他又重返战场，人称"独臂团长"。

接受命令后，贺廖支队经过3天急行军，来到雁门关西南不远处的老窝村驻下，发现日军汽车不时从雁门关下大摇大摆地经过。

10月16日有情报说，日军集结了三百多辆汽车，装载了大批武器弹药，将在这几天从大同经雁门关南往忻

120师358旅进抵雁门关
忻口会战期间，八路军深入敌后破击敌交通线，120师358旅进抵雁门关。

被120师击毁的日军汽车
雁门关伏击战切断了日军通往忻口的运输线，给日军后方造成了极大的威胁。图为在雁门关以南被120师击毁的日军汽车。

口。征得贺龙师长同意后，贺廖决定在雁门关伏击日军。当晚，贺廖召开了连以上干部动员会。行军路上，战士们看到的是村镇成为废墟，百姓惨遭杀戮，早已对日军暴行义愤填膺。

17日傍晚，贺廖率部到达雁门关西南，侦察发现，公路不在雁门关上，他们就将主力放在不远处的黑石头沟公路西侧埋伏，并派少量兵力占领雁门关。

伏兵守候到18日上午10时左右，只见北边公路上扬起一片尘土，远处传来汽车马达声。头一辆日军车上坐满了掩护部队。贺炳炎见时机成熟，一声令下。机枪、手榴弹一齐打响，日军的弹药车被打得爆响一片。接着双方展开了白刃战。

第11连指导员胡觉三见一个战士被3个日本兵包围，他冲上前挥刀砍死一个，回手又砍了一个。另一个被这个战士刺死了。他见车下有个日本兵，正要去抓活的，不想竟被这个日本兵一枪击中胸膛牺牲了。

贺炳炎一只手端着驳壳枪往前冲。驳壳枪子弹打完了，他就捡起日军丢弃的长枪，用刺刀刺死日本逃兵。

日军的鬼门关

这一仗摧毁了敌人军车几十辆，毙伤敌兵三百多人。这时，一营的警戒部队来向贺廖报告，从阳明堡来了大批增援日军。

廖汉生对贺炳炎说："这么多汽车，赶快炸掉吧！"贺炳炎同意，顿时，敌人汽车燃起了熊熊烈火。

清点了战场，八路军牺牲50人，负伤53人。为了避免与敌人打硬仗，贺炳炎决定立即撤退。第一次伏击战成功，使日军往来三百多辆军车受阻。敌人在这儿忙活到深夜才收拾完毕，临走时，日军在黑石头沟还竖了一块木牌子，写明在此地他们被打死67人，提醒路过的日军注意。

10月18日，120师还在雁门关以南，伏击日军五百余辆汽车的运输队，击毁日军汽车二百余辆。

10月19日至21日，716团又在黑石沟公路多次埋伏，歼灭日军五百余人，摧毁日军汽车三十多辆。就此，完全切断了日军由大同经雁门关到忻口的后方补给线。雁门关成了日军的鬼门关。

卫立煌在忻口会战后，对周恩来说："八路把敌人几条后路截断了，给我们忻口正面作战军队帮了大忙。"　〉张锡昌

中国大事记

11月4日，129师386旅和115师主力在广阳镇（山西昔阳西30公里）和沾尚镇之间，奋勇侧击日军左翼部队，毙伤敌千余人，缴获骡马七百余匹，步枪三百余支。

〇一六

七亘村两捷

犽然遇袭，八路军败而不北。
打破常规，刘伯承捷报连环。

用兵不复，兵法之常。刘伯承利用这一思维定势，反其道而行之，在七亘村连环设伏，两战两胜，尽显大将风范。

猝然遇袭，败而不北

1937年秋，八路军第129师从陕西出发，东渡黄河抗日。386旅奉命驰援娘子关、新关一线的国民党友军。

10月22日中午，386旅771团赶到新关之南40里的险隘石门口，与迂回至此的日军一部遭遇。771团凭借有利地形英勇阻击，日军不能前进。

入夜，771团撤至七亘村集结，准备天明进入新阵地。但由于部队过于疲劳和轻敌，警戒不够，次日凌晨即遭日军一个联队从小路偷袭。日军摸掉了我军的岗哨，进至距我军集结地不足200米处才被一位查岗的连长发现并鸣枪示警。日军被发现后，迅速展开强攻。我军猝然遇袭，因为火力悬殊，准备不足，队伍被冲散。但我军将士都久经沙场，天亮后陆续回到了部队，此役仅损失三十余人。

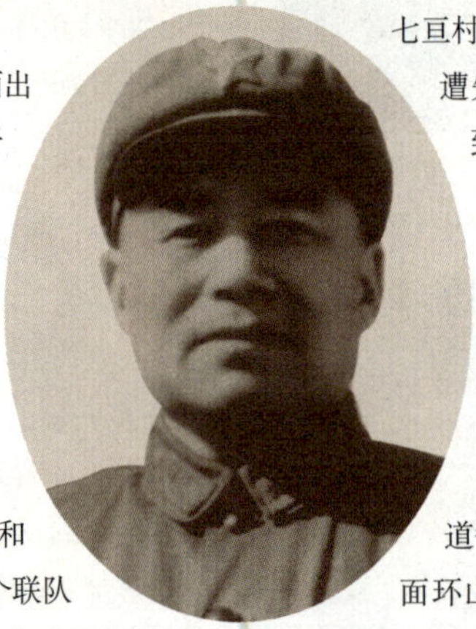

刘伯承接到报告，连夜赶到七亘村收拢部队。386旅旅长陈赓出师未捷反遭失利，自然心情苦闷，但他也敏锐地感到，可以利用敌人突破我军阵地后的狂妄、敌穿插部队与后续部队之间的空隙，设伏歼敌。这一构想，与刘伯承师长不谋而合。

七亘村一捷

第二天清晨，刘伯承和陈赓、陈再道等登上七亘村前高地观察，见七亘村四面环山，进村东口地势险要，是设伏的最佳处。刘伯承分析：日军先头部队已过，后续的辎重部队必然要从这里经过，于是派772团副团长王近山率三营埋伏在七亘村通道两侧山崖间，枕戈以待。

没过多久，果然日军辎重部队一千多人出现了，开路的是一排骑兵，他们骑在马上谈笑风生，并不注意搜索。这是因为日军自进入华北后，还未遇到过中国军队的阻击呢。开路的骑兵从离我军伏击圈仅一二十米的地带走过，当他们接近营庄时，后尾掩护的步兵还在东石门。而夹在当中的辎重

中将王近山(上图)

王近山（1915—1978），湖北黄安（今红安）人，1930年3月参加红军。抗战爆发时任772团副团长，是两次七亘村伏击战的战场指挥员。1955年被授予中将军衔。

129师徐向前与冀鲁边挺进的萧华等人的合影（左图）

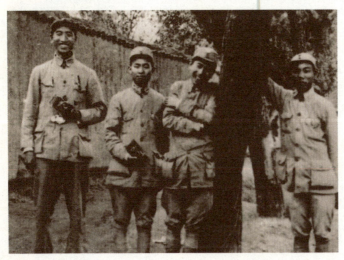

骠马正好进入我军伏击部队面前时,王近山一声令下,步枪、机关枪和手榴弹突然同时发威。打得日军顿时大乱,无法展开兵力。狭路相逢勇者胜,我军只用两个多钟头就结束了战斗。

这场战斗,三百多名日军被歼。后尾掩护的日军步兵见势不妙,不敢恋战,调头逃窜,也在石门关峡谷被我军的一个侦察班击毙五十人。因为战利品太多了,四百多个战士不够,还动员了附近民众,一起搬运了一天一夜。战利品堆满了孔氏村大院子,七亘村和周边村庄民众都跑来参观。

七亘村二捷

七亘村首捷后,刘伯承推测日军增援任务还未完成,堆积在测鱼镇的大批辎重亟待运输,因此还会走这条路。为此陈赓旅长亲自到现场,确定七亘村是必经之路,命772团三营在此继续埋伏。

日军果然来了,开路的是三个中队的四百名步骑兵,边走边仔细搜索,掩护着辎重前进。并且有意把军队行列拉开了距离,当他们看到山坳里没有动静时,一个骑兵得意地吹起了口哨,通知辎重部队安心前进。等到敌人辎重全进入近在只四五米处的伏击圈里时,战士们突然一跃而起,在山腰狭路处把他们团团包围,发起冲锋,展开肉搏战。这次敌人虽被截为两段,但没有

129师359旅的战前动员

失守的山西娘子关

在忻口会战陷入僵局之际,日军被迫改变战略计划,以第20师团攻打天险娘子关,企图从河北进入山西,杀向太原。由于国民党军对防线接合部防御不够重视,防线被日军穿插突破,1937年11月5日,娘子关失守。

打散队列,战斗到黄昏,只毙敌一百余人,缴获骠马几十匹,我军也牺牲了二十几名战士。

七亘村两捷,在同一地点仅隔三天,连续伏击取胜,这是古今中外战争史上罕有的。战斗结束后,刘伯承从缴获的日军战马和战利品中,挑了几匹战马连同指挥刀、大衣等战利品,送给国民党第二战区副司令官卫立煌。卫立煌亲自验证,敬佩不已,尤其对七亘村连胜的战术十分钦佩,认为是奇迹,是跳过"兵家所忌"的一次大胆、巧妙的用兵。 〉盛巽昌

〇一七

1936年百灵庙暴动，打响了蒙古族人民武装抗日的第一枪。从此，蒙古族人民的优秀儿女踏上了求索真理、保家卫国的艰苦道路。

蒙旗独立旅

日寇蚕食，德王为虎作伥。百灵庙一声枪响，蒙古健儿揭竿而起。历尽挫折，蒙旗独立旅成长壮大，杀敌报国。

百灵庙暴动

1936年2月21日，在内蒙古西部的达尔罕草原上，爆发了震惊中外的百灵庙暴动。百灵庙蒙政会保安队一千余人马，在中共西蒙工委书记乌兰夫和蒙政会科长云继先的带领下，宣布脱离德王领导的百灵庙蒙政会，参加傅作义将军的抗日队伍。

百灵庙军事暴动后，德王一直图谋把这支队伍重新拉回百灵庙，于是派特务章文锦混入部队，策动哗变。他们杀害了暴动领导人云继先，将一小部分人拉回百灵庙，而大部分人不明事实真相，害怕上当受骗，在纷乱中离队回了老家，致使千余人的队伍只剩下了一百多人。

乌兰夫安定了留下的官兵，随后积极协助白海风重建蒙旗保安总队。白海风早年曾参加中国共产党，留学于莫

斯科中山大学，并曾以旁听的身份出席过中共"六大"，后来虽然脱党了，但仍然是一个具有民族正义感的蒙古族爱国军官。重建后，白海风任总队长，乌兰夫任政训处代理副主任。

乌兰夫利用组建的有利时机，向部队里派遣共产党员和进步青年，建立党的地下组织。很快，一批党员和进步青年进入了这支部队，且大部分成了营连以上军官。平时，乌兰夫利用代副主任的合法身份对部队官兵进行抗日教育，采取个别谈心的方式向进步青年宣传国际国内形势及中国共产党的政策，扩大我党影响，秘密发展党的力量。

蒙旗独立旅

1937年秋天，日军准备进犯归绥。马占山电请白海风去包头，共议抗日大计。在这次会议上，双方议定，把傅作义部队开赴太原时留下的一个炮兵连（已划归蒙旗保安部队）改编为一个炮兵营。根据当时兵种配备，将

内蒙人民领袖乌兰夫（上图）
乌兰夫（1906－1988），曾用名云泽，云时雨，蒙古族。早年留学苏联，抗日战争时期，任蒙旗独立旅政治部代理副主任，地下党委书记。1938年4月任中共绥蒙工委委员。同年5月任国民革命军新编第三师政治部代理主任。长期领导内蒙古地区的抗日斗争，后奉调赴延安。1983－1988年任国家副主席。
活跃在蒙古草原上的骑兵游击队（右图）

公元 1937 年

世界大事记 11月3日至24日，《九国公约》参加国在比利时布鲁塞尔召开会议调停中日战争，日本、德国拒绝与会。

人物 关键词 资料来源

乌兰夫 白海风

爱国 胆识

《伟人之初·乌兰夫》王树盛

《乌兰夫回忆录》

蒙旗保安总队改编为蒙旗独立混成旅，简称蒙旗独立旅，下设两个团，一个炮兵营。旅长仍由白海风担任，乌兰夫担任政治部主任。

这期间，乌兰夫在部队里又发展了一批党员。党员人数增加了，根据工作需要，在部队里建立了党委，由乌兰夫担任书记，各连队都建立了党支部，以保证这支部队坚持抗日的政治方向。

部队整编完毕，便从包头开往归绥前线。

归绥战日军

1937年10月12日，日军黑石旅团和三个伪蒙师向归绥推进。蒙旗独立旅布防在城南的大黑河一带，准备迎击敌人。

战斗打响之前，日军以为傅作义的部队去了太原，马占山的部队全部部署在归绥城东西两头，城南并无重兵把守，可以轻而易举突破。不料，却遭到蒙旗独立旅的顽强阻击。蒙旗独立旅的官兵们，虽然装备很差，但士气旺盛，他们面对日军，个个奋勇杀敌，击退了日军的多次冲锋。

战斗中，乌兰夫和白海风一直在前线指挥。分析了战况和敌情后，乘敌人慌乱无措时，凭着我军熟悉地形的有利态势，借助夜幕，组织骑兵冲过大黑河，对敌人来了个突然袭击，打得敌人晕头转向。

蒙旗独立旅英勇杀敌，不怕流血牺牲的爱国精神，大大感动了归绥的群众，他们冒着枪林弹雨，带着大批慰问品到城南慰劳官兵。

百灵庙抗日纪念碑
1936年2月21日，蒙政会保安队科长云继先、朱实夫、云蔚等在共产党员乌兰夫等人的策动下发动百灵庙起义，脱离投靠日寇的德王（德穆楚克栋鲁普），打响了内蒙人民抗日的第一枪。1989年，内蒙古人民政府在百灵庙附近的女儿山建立百灵庙抗日纪念碑，以缅怀先烈。

部队在大黑河岸坚持了一天一夜，给了日军沉重打击后，就主动撤出战斗，在马占山的统一指挥下，乘火车转移到了包头。

不久，在部队何去何从的问题上，乌兰夫和白海风产生了分歧。白海风主张到河套去，因为马占山的部队和国民党的门炳岳的骑兵师都撤到了那里，他想依靠他们来保存自己。乌兰夫主张带部队过黄河南下，到伊克昭盟去，这样有利于长期抗日。

在乌兰夫的努力下，部队终于决定过黄河南下。

见到党中央

1937年11月初，蒙旗独立旅到达陕北哈喇寨休整，此时部队面临供给十分困难的境地。乌兰夫南下找到了八路军第120师。120师政治部副主任甘泗淇接待了他。甘泗淇高度赞扬了蒙旗独立旅和乌兰夫的工作，还从120师拨发了1000套棉军装，1000双军鞋和1000块银元支援蒙旗独立旅。

1938年5月，部队驻守神木，乌兰夫、白海风接到了毛泽东要他们去延安向党中央汇报工作的电报。在延安，毛泽东热情接见了他们，并指出：蒙古民族只有同中华各民族一道，驱除侵略者，解放全中国，才能取得本民族的统一和解放。要利用国共合作的大好形势，争取国民党的供给，设法扩大队伍。你们是蒙古旅的部队，要回到伊克昭盟去开展斗争，以抗日的模范行动，影响带动蒙汉群众，团结争取蒙古上层和宗教上层一道抗日。

回到神木，乌兰夫、白海风更加积极努力地工作，将蒙旗独立旅改编为新三师。

1941年夏天，乌兰夫奉命离开新三师，到延安工作。

〉廖大伟

069

〇一八

叶挺出山

立马横刀，北伐名将重披甲。
挥戈退日，南方豪杰再成军。

广州起义失败后，叶挺到了欧洲，后来回到澳门。1937年初，张云逸到澳门会见叶挺，请叶挺出山。叶挺听从党的召唤，担任了南方红军游击队的改编工作，出任新四军军长。

叶挺说自己"可耻"

叶挺被任命为新四军军长以后，他身边的警卫员心中有个疑问：早就听说北伐战争时期有个人叫叶挺，那个

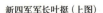

新四军军长叶挺（上图）
叶挺（1896—1946），原名为询，字希夷，广东惠阳（今惠州市惠阳区）人。是中国人民解放军的创建者之一，杰出的军事家。北伐名将，领导广州起义，后因受到错误批判流亡海外。抗战军兴，出任新四军军长。皖南事变中被俘，坚贞不屈，1946年4月8日在黑茶山空难中殉难。

新四军军部作战室
1938年初，新四军军部迁至安徽泾县云岭。这是军部的作战室，悬挂着大幅江南作战地图。

叶挺是不是现在的军长？有一天，警卫员鼓起勇气问道："军长，听说北伐战争的时候就有个铁军叶挺，是不是你？"叶挺迟疑了一下，说："那就是我呀。""怎么后来就没有再听说你呢？"警卫员一句无意的话触动了叶挺的神经。叶挺一脸严肃地告诉警卫员，北伐战争以后，他脱离了革命，到国外去了。他心情沉重地说："叶挺犯了小资产阶级动摇性的错误，可耻！"

叶挺毕业于保定军校，1924年加入中国共产党，是北伐名将，曾经担任国民革命军第四军独立团团长，在北伐战争中所部被誉为"铁军"。1927年，他先后担任了南昌起义前敌总指挥和广州起义军事总指挥。广州起义后，军阀张发奎调9个团三面包围广州。在敌强我弱的形势下，叶挺提出向海陆丰方向撤退，共产国际代表纽曼却主张坚守广州，两个人在战略问题上发生分歧。纽曼以共产国际的名义压制叶挺，叶挺愤怒地说："我要到共产国际控告你！"纽曼傲慢地说："随便你到哪儿控

新四军筹备处
新四军筹备处设在汉口太和街26号。招牌挂起之后，叶挺的旧部、故友、亲属纷纷来投，延安方面也不断派来干部，参与新四军的筹建工作。

公元 1 9 3 7 年

世界大事记

11月5日，希特勒召见德国军事、外交首脑，部署侵略奥地利和捷克斯洛伐克。

叶挺
周恩来
毛泽东

救亡 果断

《往事珍闻录》

人物 关键词 资料来源

1939年春，周恩来同皖南新四军军部人员合影

告，我等着！"

广州起义失败，起义部队蒙受了巨大的牺牲，苏联驻广州领事馆的多名领事被枪杀。1928年夏初，叶挺愤而出国，辗转到了莫斯科，向共产国际控告纽曼，结果却遭到冷遇。叶挺心灰意冷，离开莫斯科以后，漂泊到德国。为了维持生活，他在柏林开过饭馆，在维也纳卖过豆腐。就这样，叶挺脱党了。

犹如大旱遇云霓

1932年，叶挺结束了在欧洲的流浪生活，回到澳门，仍以开餐馆为生。1936年5月的一天，潘汉年从莫斯科经巴黎到达香港，在香港弥敦饭店约见叶挺。潘汉年将中共中央《八一宣言》的精神告诉叶挺，希望叶挺利用他在国民党高级军官中的影响为抗日做一点工作，叶挺听了非常高兴。

1937年初，与叶挺曾经在黄埔军校有同窗之谊的张云逸化装成华侨富商，特意到澳门会见叶挺。张云逸一身西装革履，叶挺却是一副商人打扮。张云逸开门见山地说："希夷兄（叶挺字希夷），我想请你出山！"叶挺摇摇头："我心灰意冷，已经远离政治和军事了！"张云逸指着叶挺桌子上的一堆德文军事书说："不要自欺欺人了，希夷兄，我知道你的心冷了，血还是热的。你这个北伐战争的铁军名将就甘心在这里卖早点吗？"一句话说到叶挺的痛处，叶挺的眼泪夺眶而出。两个人谈了许多掏心窝的话，张云逸力劝叶挺出山，担任新四军军长。叶挺后来说，"张先生到来，如大旱之遇云霓，寒冬之见新绿。"

出任新四军军长

这一年春节后，叶挺全家从澳门迁到上海，住在

延安军民欢迎叶挺大会
1937年11月3日,叶挺前往延安,向党中央请示新四军筹建工作。毛泽东、周恩来、朱德等率领延安军民为叶挺举行欢迎大会。叶挺在会上表示坚决接受中国共产党的领导。

周恩来与叶挺、项英合影
1939年2月,中央军委副主席周恩来到皖南新四军军部同军长叶挺(右)、副军长项英(左)会商新四军发展大计,确定了新四军"向北发展、向东作战、向南巩固"的战略方针。

静安寺。1937年卢沟桥事变那天,周恩来在上海会见叶挺。叶挺见到周恩来,有说不完的话。周恩来希望叶挺参加南方红军游击队的改编工作,让他通过老关系,促使国民党同意改编。叶挺表示,党要我做什么,我就做什么。

叶挺找到了国民党第三战区前敌总指挥陈诚,向他建议,将南方红军游击队改编为"国民革命军陆军新编第四军"。叶挺说:"命名为第四军,是表示继承'老四军'。"陈诚将叶挺的建议报告蒋介石,并提议由叶挺担任新编第四军军长一职。蒋介石认为叶不是共产党员,是一个非常合适的人选。蒋介石很快就批准了这个建议,9月28日,国民党军事委员会通报宣布任命叶挺为"新编第四军军长"。

10月下旬,叶挺来到延安,见到了毛泽东。延安军民对北伐名将叶挺的到来,表示了热烈的欢迎。延安召开了欢迎大会,毛泽东亲自主持大会并在会上发表了热情洋溢的讲话。毛泽东说:"我们今天为什么欢迎叶挺将军呢?因为他是大革命时代的北伐名将,因为他愿意担任我们的新四军军长,因为他赞成我党的抗日民族统一战线政策,所以我们欢迎他。"叶挺在会上诚恳地说:"革命好比爬山,许多同志不怕山高,不怕路难,一直向上走,我有一段到半山腰又折回去了,现在跟了上来。今后一定遵照党所指引的道路走,在党中央的领导下,坚决抗战到底。" ▷华强

世界大事记

11月6日，意大利加入德、日《反共产国际协定》，"柏林-罗马-东京"轴心国法西斯集团形成。

茅以升《茅以升日记》 公盾《茅以升传》

茅以升 悲社

人物 关键词 资料来源

〇一九

1937年，地球的东西半球各有一座世界级大桥竣工。它就是美国旧金山的金门大桥和中国杭州的钱塘江大桥。钱塘江大桥是中国人自己设计、建造的最早的铁路、公路两用双层桥，总设计师是茅以升。

茅以升炸桥

钱塘大桥飞度，天堑变通途。为阻日寇铁蹄，钱塘江大桥仅存在八十九天。设计师亲自部署炸桥，茅以升悲哉壮哉！

桥墩留下一空洞

卢沟桥事变爆发时，钱塘江大桥接近合龙。但战火蔓延很快，茅以升深感不安。他打造桥梁一向要求严格，每一道程序都得严密审核，但此时他却"随意"了一下。命施工人员在大桥南2号桥墩坐标处，留下一个长方形的空洞。这个空洞设计图纸上是没有的。事后，茅以升也没向任何人做解释。

在淞沪会战的炮火声中，钱塘江大桥终告建成。9月26日，钱塘江大桥的下层单线铁路桥首先通车。当天，一列列火车将来自浙赣线上的军火物资以及支援前线的军队送往战场。

钱塘江大桥风光了一个多月。

通车装好炸桥药

上海沦陷了，杭州告急。

11月16日下午，茅以升的预感终于成为了现实。为了不把大桥留给日本侵略者，他不得不作出了炸桥的决定，当天晚上就开始组织人员安放炸药。他把大桥每个致命点都一一作了标记，然后用一百多根引线，从一个个引爆点接到南岸的一幢屋子里。他亲临现场，作了检查，并目睹最后一根引线接通，为日后炸桥做好准备。

茅以升忙碌了一个通宵。第二天凌晨，他却接到了浙江省政府命

桥梁专家茅以升（上图） 茅以升（1896—1989），我国著名桥梁专家，1934年起主持设计建造钱塘江大桥。这张照片下面原有"负责建筑大桥之工程处长茅以升氏"字样。

钱塘江大桥开工仪式（左图） 这是钱塘江大桥开工仪式的老照片，中间持镐者为铁道部政务处长兼新路建设委员会委员长曾养甫夫妇。

被爆破拆除的钱塘江大桥

1937年12月23日，为避免钱塘江大桥被日寇利用，茅以升被迫主持了钱塘江大桥的爆破拆除工作，大桥被炸为六段。

令，立即做好准备，当天令大桥全面通车。因为战势发展迅猛，大批难民陆续涌进杭州，渡船往来不够用。

这天是大桥通车的日子，前来瞻仰的人群，亦是人山人海，连六和塔上都挤满了人。他们哪里知道，全面通车的第一天，桥里就已经安装了炸桥的炸药。

不复原桥不丈夫

一个多月后，侵华日军逼近杭州。

12月23日下午1点，茅以升接到炸桥命令。两小时后，大桥南北关闭，实施爆破。只听"轰"一声巨响，这条全长1453米的卧江长龙截为了六段。这座由中国人自行设计、自行建造的第一座达国际水平的现代化大桥，历经925天日日夜夜的紧张施工，耗费160万多美元，在南北江面存在仅89天。

大桥炸毁的这天晚上，茅以升即将离去时，感慨万千，写了一首诗：

斗地风云突变色，炸桥挥泪断通途；

五行缺火真来火，不复原桥不丈夫。

茅以升与外国专家

1934年11月11日，钱塘江大桥开工。图为茅以升与外国工程师在检查施工情况。

八年抗战胜利后，南京国民政府无力修复大桥。50年代初，大桥才得以重建，南北变通途。茅以升终于圆了他的"复桥"之梦。　〉盛巽昌

钱塘江大桥开工典礼

世界大事记

11月21日，日本于东京设立帝国大本营。

〇二〇

蒋介石 唐生智

屈辱 勇敢

《丁丑南京屠城记》祝晴川
[美] 张纯如 《南京浩劫》

人物　关键词　资料来源

保卫南京

以弱敌强，南京城终告失守。
殊死奋争，铁蹄下犹有英雄。

1937年11月12日，上海陷落，南京告急。蒋介石几次召开军事会议，调集15万大军保卫南京，并任命唐生智为南京卫戍司令长官，主持南京保卫战。

11月底，日军分四路对南京实行包围。12月上旬，战争已蔓延到南京外围。中国军队英勇抵抗，几挫敌锋。

自断退路的决定

东面紫金山是南京的屏障，为争夺这个战略重地，敌我双方反复争夺，战斗异常惨烈。战争初期，这里就被日军攻占，教导总队随即夺回，接着又被日军占领；为夺回阵地，教导部队重组兵力，经过两个小时肉搏，打退日军，可是我军只守半天，又被日军强占。中国士兵又作第三次刺刀见红的战斗，从黄昏打到第二天拂晓才收复阵地，双方死伤惨重，日军尤甚。

日军见地面进攻难以得逞，就调动飞机助阵。中国军队已丧失了制空权，损失很大，阵地顿失。

12月8日，南京外围阵地全部失守，守军唯一撤退路线只有北渡长江。可是此时的唐生智却信誓旦旦，表示要和首都共存亡，下令将长江上下的大小船只全部销毁，自断退路，因而当蒋介石告知唐生智可以下达撤退命令时，各部队、阵地间已失去联络，电话不通，更谈不上按哪条路线、如何撤退了。很多师旅和团长无法接到撤退命令，无法部署所属部队，甚至有的将校没有传达命令就先溜走了。

守军陷入了异常混乱之中。

据统计，有九万守军留在城里被日军俘杀，或者在撤退、突围时英勇抵抗日军而阵亡。

装甲车中两英雄

在南京方山附近，经过一场激烈的战斗之后，守卫

南京守城司令唐生智（上图）
日军炮击南京城（下图）
日军占领上海后，沿沪宁线西进，进攻南京。图为日军炮击南京城。

侵华日军南京大屠杀遇难同胞纪念馆浮雕

侵华日军南京大屠杀遇难同胞纪念馆是中国南京市人民政府为铭记1937年12月13日日军攻占南京后制造的南京大屠杀事件而建。位于中国南京城西江东门茶亭东街原日军大屠杀遗址之一的万人坑。1985年8月15日落成开放。

南京的陆军装甲兵团战车营第一连的三辆装甲车，被日军击毁，静静地躺在公路上。这时，大部队已经撤退，敌人的快速部队正跟踪追来。

　　谁也没想到，有一辆装甲车里的两个士兵仍活着。他俩决心与战车共存亡，埋伏在战车内，相机打击敌人。

　　这时，高傲的日军先头部队顾不上搜查装甲车，清扫战场，就长驱直入向城内进发。一队日军过去了，又一队日军过去了。两个士兵不动声色地埋伏在装甲车内，

日军使用的"南京攻略图"

这是日军使用的"南京攻略图"。图中可以清楚地看到日军一路自长江口登陆，攻占上海，溯长江而上，并以部分兵力突破常熟、江阴、武进、句容一线，沿京沪线杀向南京，另一路从杭州湾登陆，分兵进攻杭州，主力则在突破嘉兴后越过太湖，分兵两路杀向南京，另有部分兵力攻入安徽。

一直等到下午4时。一个士兵从瞭望镜中看到有一大队日军步兵走来。他们觉得是狙击敌人的好机会到了。他俩骂道："他妈的，老子一个换你们几十个！"他俩把机关枪从被毁坏的装甲车转塔前后两端伸出，突然"哒哒哒！"一阵枪响，几十个敌人纷纷倒地。被打得晕头转向的日军，回过神来组织进攻，但是日军仅有步兵武器，无法击毁这辆装甲车，损失惨重。

　　战斗打到天黑，两个士兵决定趁夜撤退。当他俩刚离开不远，装甲车被日军调来的迫击炮击中，一个士兵不幸牺牲，另一个士兵逃回了部队。后来，日军在"皇风万里"宣传册中详述了这次受国民党"残军"装甲车埋伏狙击的经过。

百姓舍身杀敌人

　　日军进城对无辜百姓进行疯狂屠杀时，他们也惧怕会受到袭击。

　　一天，有5名国民党"残军"从南京城外潜入南京城里，藏身于中华路附近的一个地下室内。这时，有5名日军正押着4个百姓从此路过。

　　5位军人突然跃身而出，一下子将5名日军射杀，并对

南京保卫战中的中国军队高射机枪阵地

南京保卫战中，日军飞机对中国军队构成了严重威胁。图为南京保卫战中的中国军队高射机枪阵地。

日军所绘"南京攻略战图"之一

日军为了宣扬自己的"武威"，摄制了大量侵华照片、影像资料，绘制了大量绘画。这就是日军"南京攻略战图"之一。图中的日军应属于炮兵，正在目测并用望远镜和炮队镜观察炮击效果。

那4个百姓说："你们不要害怕，中央军已经进城了！"

4个难民顿时欣喜万分，撒开双腿从中华路奔到难民区，一路奔跑，一路高喊："中央军来了！""中央军进城了！"留在城里的老百姓立即奔走相告，吓得不少日军一时不敢出来。

南京的普通民众，也有不少表现出至死不渝的"国格"。

年仅19岁的汽车司机梁志成，被日军抓去开车送

南京保卫战要图

"货"到下关。梁志成看到车上装满了弹药，心中充满了怒火。他趁副驾驶座上一个日军军官不备，对他进行袭击，两人搏斗起来。很快，惊动了押车的日军。他们用刺刀扎向紧紧扼住日军军官脖子的梁志成身上。顿时，梁志成晕死了过去。日军以为他死了，就把"尸体"扔下了车。

梁志成醒来一路挣扎着爬到了家里，临死时他对姐姐说："姐姐，我到死都没给日本人做一件事。"

还有一位不知姓名的女子，身绑炸药，在中华门外板桥附近，舍身炸毁了一列日军火车。列车出轨，上百名日军被炸死，那位女子也壮烈牺牲。 〉张锡昌

〉历史文化百科〈

〔南京大屠杀〕

1937年12月13日，中国首都南京沦陷。占领南京的日寇为发泄登陆上海以来一路攻打南京损兵折将的愤怒、摧毁中国军民的抗战意志，不顾国际公法，对手无寸铁的中国和平居民和战俘进行了惨绝人寰的大屠杀。同时，日军所到之处，纵火抢掠，南京城生灵涂炭，满目疮痍。在南京的外国友好人士联合成立国际安全区委员会，在国际红十字会南京委员会的协助下力图对难民加以保护，划出了占地约3.86平方公里的安全区收容难民，安全区中有难民收容所25处。国际安全区委员会对逃入安全区的中国难民和散兵进行了力所能及的保护，但在凶残的日军面前收效甚微。

在长达数月的时间里，日寇采用集体枪杀、刺杀、火烧、活埋、斩首、溺水等残酷手段，对中国和平居民和战俘进行无情虐杀。妇女的遭遇尤其惨痛，被强奸、轮奸虐杀者数以万计。

抗战胜利后，在远东军事法庭的审判中，正义和公理得以伸张。远东国际军事法庭判决书中认定南京大屠杀可以确认的受害者总数达20万以上。南京大屠杀的刽子手松井石根大将被处以绞刑，谷寿夫中将、日本军官向井敏明、野田毅等人被引渡回中国，处以死刑。根据20世纪80年代的调查研究确认，南京大屠杀集体屠杀的受害者为19万人，零星屠杀的受害者15万人，合计34万人。

中国大事记

12月13日，南京沦陷。一个月内，南京军民逾30万人遭到日军屠戮，史称“南京大屠杀”。

“铁狮将军”周保中

南国英雄，驰骋白山黑水。刮骨取弹，坚持抗敌，周保中不愧“铁狮将军”。

抗日救国军一条绳子绑来个参谋长，这个人就是周保中。日军企图以一两肉一两黄金的代价悬赏周保中，但周保中一直活跃在东北抗日战场上。

东北抗联第二路军总指挥周保中（上图）

周保中（1902—1964），原名奚李元，号绍璜，云南大理人。白族。抗日民族英雄。15岁入滇军，参加过护法、北伐战争，后留学苏联。九一八事变后回国，参与领导东北抗日斗争。1938年起任东北抗日联军第二路军总指挥。1940年被迫率队撤入苏联整训，任东北抗联教导旅旅长。

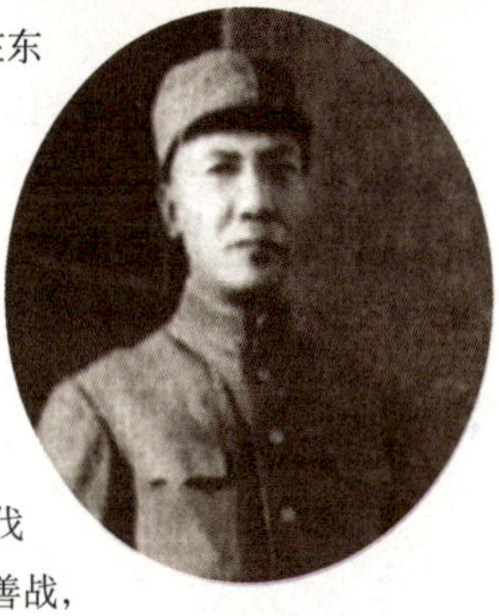

只身寻找救国军

周保中是白族人，原名奚李元，出生在云南大理。他15岁从军，10年以后当上了北伐军的副师长。因为英勇善战，被誉为“铁狮将军”。1928年，共产党派周保中到苏联学习。1931年9月，周保中学习回来，奉命到东北吉东地区组织抗日武装。1932年2月，周保中担任中共满洲省委军委书记。

周保中得知吉林自卫军驻扎在山里，就单身一人到山里寻找。一天，周保中来到宁安花脸沟，向村里人打听道路。他一开口，一口南方口音便引起了驻扎在这里的吉林自卫军的怀疑。战士们怀疑他是个探子，不管三七二十一，把他捆了个结结实实。周保中大喊自己是来投军、献抗日良策的，战士们只好把他押到团部。自卫军中路副总指挥邢占清将军正在团部与团长议事，见周保中气宇不凡，就让他说说自己的抗日良策。周保中提出三点救国方略，五条治军良策，令邢占清折服不已，并推荐给吉林自卫军司令李杜。李杜由于对周保中可能是共产党员存在顾虑，只派他担任宣传工作。

不久，吉林自卫军不幸失败，在党组织的帮助下，周保中被介绍到抗日救国军工作。救国军的司令王德林和周保中一见如故，任命他为总参议。不久，救国军、吉林自卫军和另一支抗日武装护路军联合，王德林力保周保中当上了联军的总参谋长。

刮骨取弹真英雄

1932年10月，周保中指挥抗日救国军攻打宁安。

战斗打响后，周保中身先士卒，率领一支敢死队冲向宁安县城。战斗中，周保中发现了日军的军火库，立即指挥部队集中火力攻打军火库，终于将日军军火库炸毁，并炸死日军小岛少佐及日军多人。

日军组织力量疯狂反扑，周保中下令：“撤退，我来

东北抗日联军警卫战士

这是东北抗日联军第一路军警卫旅的部分指战员，摄于1939年夏。

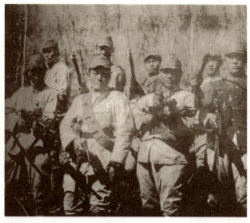

公元1937年　公元1937年

世界大事记　11月29日，苏台德德意志党人退出捷克斯洛伐克议会。

《中共党史事件人物录》

周保中　王德林

坚强　英勇

人物　关键词　资料来源

东北抗日联军第二路军使用的胸章

1937年10月，东北抗日联军第二路军成立，由东北抗日联军第四、第五、第七、第八、第十军编成，总指挥周保中。

断后！"周保中一边撤退，一边开枪，突然身子一歪，重重地摔倒在地上。周保中知道自己负伤了，他来不及看自己的伤口，忍痛站起来，高呼："冲啊，快冲啊！"他站立不稳，再次倒下。几个战士架着他，准备离开战场。周

保中坚持指挥，直到战斗结束。

到了驻地一看，一颗子弹不偏不倚嵌在周保中小腿的骨缝里。卫生员看着周保中说："不拔出来，腿就保不住了。"周保中说："拔出来！""可是没有麻药呀！"抗日救国军的领导说："这里既没有医生，也没有麻药，还是设法送到省城大医院吧！"周保中摇摇头，说："不就是没有麻药吗，用刀子挖，用钳子夹，把子弹拔出来。我受得住！"

周保中把一条毛巾咬在嘴里，卫生员用钳子硬是将子弹从周保中的腿骨缝里拔了出来。周保中痛得满头是汗，把毛巾咬了一个大洞。十多天后，周保中伤口尚未痊愈，带伤接连两次指挥了攻打宁安县城的战斗。周保中刮骨取弹的故事在抗日救国军中传开来了，战士们编了两句顺口溜："刮骨取弹真英雄，胜过昔日关云长。"

宁安县城战斗大大提高了周保中在抗日救国军中的威望。救国军名将吴义成说："刘备当年三顾茅庐请来个诸葛亮，如今我们是一条绳子绑来个参谋长！"

一两肉一两黄金

宁安战斗以后，周保中联合其他抗日武装，成立了

宁安抗日同盟军，后来改为绥宁反日同盟军，周保中任军事委员会主席。周保中与杨靖宇、赵尚志等着手组建东北抗日联军，周保中的部队改编为东北抗日联军第5

抗联第一路军总司令部公告

军，周保中任军长。

七七事变以后，东北抗日联军组合为三路军，周保中担任第二路军的总指挥。周保中的第二路军多次重创日军，听到周保中的名字，日军胆战心惊。日军曾经公开悬赏捉拿周保中，开始是5万元，后来提高到10万元。周保中多次遇险，都化险为夷。

日军收买了抗日联军的一个师长，准备里应外合一举歼灭第二路军总部，活捉周保中。周保中及时发现了阴谋，立即将叛徒处决。为了稳定军心，处决叛徒的第二天，周保中在老爷岭一带打了一个漂亮的伏击战。日军对周保中恨得牙齿痒痒的，宣布谁要捉到周保中，就用磅秤称，一两肉给一两黄金。日军如此重赏，周保中依然活跃在东北抗日战场上，牵制着日本关东军的主力部队，一直到日本投降。

全国解放后，周保中历任吉林省政府主席、云南省军政委员会副主任、全国政协常委等职。1964年2月病逝于北京。 ＞华强

饶河抗日游击队纪念碑

饶河抗日游击队纪念碑碑高16.6米，碑座呈方形，设两层平台，每层高2米左右，四周围有雕刻着松针、松果图案的石栏杆。碑身表面为镶嵌青灰色大理石。碑身顶端坐落着一位抗联战士持枪前进的雕像，高6.9米，全部由花岗岩制成。饶河抗日游击队是中国共产党在东北最早建立的抗日武装之一，后发展为抗联第七军。

韩复榘
蒋介石
戴笠

人物

怯懦　权术

关键词

《民国野史大观》
《民国旧报集萃》
李泽平

资料来源

枪毙韩复榘

半世枭雄，主政山东自行其是。
国难当头，长腿将军难逃一死。

1930年10月，韩复榘被任命为山东省主席兼第五战区副司令长官。他一方面大力反共，镇压人民；一方面对中央政府阳奉阴违，培植自己的势力。抗战爆发后，他为了保存实力，率军不断退却，放弃大片国土。最后被蒋介石逮捕，秘密处决，以正国法。

韩复榘在山东

韩复榘主政山东期间，将山东的军、政、法大权集于一身。他通过招降纳叛，扩充自己的军队，建立了一支10万人的武装。他驱逐胶东军阀刘珍年，赶走巨匪刘黑七，统一山东，同时实行了"澄清吏治"、"根本清乡"、"严禁毒品"、"普及教育"四项施政计划，取得了一定的政绩。

与此同时，韩复榘在山东也犯下了一系列倒行逆施的罪行。他残酷镇压中国共产党领导的武装起义，枪杀了邓恩铭、刘谦和、郭隆真等著名的共产党人。他还自定法律，随意断狱，草菅人命。

对于蒋介石，韩复榘阳奉阴违，还暗杀了蒋介石派来监视他的国民党山东省党部主任委员张苇村。西安事变时，韩复榘又通电支持张学良、杨虎城，更令蒋介石怀恨在心。

溃逃与被捕

抗日战争爆发后，韩复榘也曾在德州等地坚决抵抗，部队伤亡惨重。此后，为保存实力，他率余部不断南撤，放弃济南、泰安、济宁、邹县等一大片国土。韩复榘

的无耻行为引起蒋介石震怒，蒋介石决定处死韩复榘。可是，真的要处死韩复榘并非易事，韩复榘的贴身卫队有一个排，都是山东汉子，人人武艺高强。此外，韩复榘还有一个数百人的警卫营和一个近五千人的手枪旅。

蒋介石的智囊团经过一番周密策划，决定设计捕捉韩复榘。1938年1月11日，国民党最高统帅部通知韩复榘到河南开封参加一、五战区高级将领会议，心怀鬼胎的韩复榘怕出意外，决定带警卫营随同前往。在开封的军事会议上，蒋介石亲自主持。

蒋介石扫视了到会的高级将领，说："今天在座的一个高级将领放弃山东黄河天险，使日寇顺利进入山东。我想问韩主席，你不放一枪，这个责任由谁负？"韩复榘不买蒋介石的账，当面顶撞说："丢山东是我的责任，那么丢南京是谁的责任呢？"蒋介石说："我现在问的是山东，南京丢失，自有人负责。"两个人你一言我一语地当众打起了口水仗。

山东王韩复榘（上图）
韩复榘（1890－1938）字向方，国民党陆军上将，新军阀。抗战爆发时任山东省主席兼第五战区副司令长官。因消极抗战被捕，后被秘密处决。
蒋介石亲信何应钦
何应钦（1890—1986年），字敬之，贵州兴义人，毕业于日本士官学校。他是蒋介石的心腹，抗战爆发后任第四战区司令长官，并主持了对韩复榘的审判。

刘峙见状假装出来打圆场，对韩复榘说："韩主席，你先到我办公室休息一下吧。"刘峙拉着韩复榘，离开会场向院子里走。韩复榘气呼呼的，一边走一边扭着脖子，瞪眼看着蒋介石。院子里停着一辆汽车，刘峙说："韩主席，这是我的车，你上车吧。"韩复榘不知是计，稀里糊涂地上了刘峙的车。

韩复榘上了车，有两个人一边一个也上了车，将韩复榘夹在中间。韩复榘正要发作，其中一个人掏出一张"逮捕令"给韩复榘看，韩复榘恍然大悟。韩复榘当时还算镇静，他朝窗外望去，只见路上布满了荷枪实弹的宪兵。汽车一直开到开封火车站。火车站早已停着一列军列。跟车的两个人将韩复榘送到军列中最豪华的一节车厢。韩复榘不知道，他的警卫营事先得到通知，已经提前被安排进了车厢。军列里埋伏了一个营的宪兵，韩复榘和他的警卫营很轻松地被缴了械。

韩复榘束手无策，只好任凭发落。军列一路不停，直驶汉口。汉口火车站早就停了5辆小汽车，还有4辆满载宪兵的大卡车。韩复榘被宪兵推进一辆小汽车，车队就出发了。开到江边码头，乘专轮到武昌。1月12日晚，国民党军法执行总监部将韩复榘安排在一座两层小楼上。

山东天福山武装起义的部分领导人合影

张自忠将军

张自忠（1891—1940），字荩忱，山东临清人，抗日名将。韩复榘溃败后，临沂危急，他不顾军阀混战时的旧怨，毅然率部救援临沂守军庞炳勋部，取得临沂大捷，斩断了日寇向台儿庄进攻之一臂。

死不瞑目

在国民党军法执行总监部，韩复榘见到了戴笠。韩复榘与戴笠素来不和，这一回偏偏就落在戴笠手里，韩复榘只得认栽了。他不知道，从逮捕到软禁，这一切都是戴笠一手策划的。

韩复榘被软禁7天后，蒋介石组织军法会会审。特别军事法庭由何应钦、鹿钟麟等组成。韩复榘被押解到法庭，何应钦问："你在山东的种种罪行已基本查实，你有何话可说？"韩复榘眯缝着眼睛，拒绝回答。无论何应钦问，还是鹿钟麟问，从头到尾，韩复榘始终一言不发，庭审毫无结果。

1月24日晚上7点钟左右，韩复榘吃过晚饭，正在屋子里烦躁地踱来踱去，一个特务上楼对韩复榘说："韩主席，何审判长请你去谈话。"韩复榘慢吞吞地站起来，套了衣服，一言不发地下楼。韩复榘走在前面，特务走在后面。楼梯下到一半，韩复榘猛抬头看见院子里布满了宪兵，觉得大事不好。韩复榘对那个特务说："我脚上鞋子小，我上去换双鞋。"说着，韩复榘回头上楼。刚迈步，那个特务便对着他的脑袋开了一枪。

韩复榘硬充好汉，扭动肥胖的身躯对特务说："你，你，你打我的胸！"这时，几支枪同时开火，一股污血从他嘴里喷出，韩复榘扶着楼梯扶手慢慢倒在楼梯上，身中7弹，脑门2弹，胸部5弹，48岁的他死时睁着双眼，一副不服气的样子。韩复榘枪毙后，其全部财产充公，据说约有7000万之巨。　〉华强

世界大事记

12月29日，爱尔兰新宪法生效，改自由邦为共和国，仍留在英联邦内。

李和文《邓小平的故事》
《镰刀锤子话风云》

邓小平　刘伯承

民本　宽容

人物　关键词　资料来源

○二三

邓小平在太行山

运筹帷幄，决胜千里之余，邓小平主政爱民，善待远宾，在太行山上筑成了一座丰碑。

129师政委邓小平在太行山期间以身作则、尊重战友，虽身居山沟而对天下大势了如指掌。美国记者称邓小平的脑袋"像芥末一样辛辣"。

邓政委发火

1938年的一天，邓小平接到中央通知，要他到延安开会。他的马夫王兴芳为了让邓小平赶路，特意骑马到山西阳城县找一个有名的马店为邓小平的战马挂掌。小王一溜烟地进城办完事，又一溜烟地赶回来，准备将马交给邓政委。谁知邓小平一看见他，恼火地对他喝道："下马！你干什么去了？"小王满肚子的委屈，心想，我没做错什么呀，平日挺和气的邓政委今天是怎么啦？邓小平用眼睛瞪着他说："你骑马在阳

刘伯承用过的望远镜（上图）
八路军129师指挥员合影（下图）
左起：刘伯承、邓小平、蔡树藩、李达、王树声。

城县大街上撞了人，你知道吗？"小王大吃一惊。原来小王为了赶时间，骑马在县城一路小跑，在一个拐角处撞了一个老大娘他还不知道。

邓小平经过了解，小王真的是不知道。邓小平说："这样吧，你马上到县城治安部门去听候处理，该怎么处理就怎么处理。你自己去给老大娘赔不是。我这里有几块钱，你给老大娘做医药费。"小王知道邓政委的这几块钱是组织上刚刚发给他的到延安去的路费，小王不肯收。邓小平将钱硬塞在小王手上，翻身上马上路，向延安飞奔而去，上马时还回头大声说："别愣着了，快给老大娘送过去！"小王拿着带有邓政委体温的钱，眼泪"扑扑"地直往下掉。

是芥末脑袋

一天，邓小平接到八路军总部的通知，说美国驻华大使馆武官埃文斯·卡尔逊要到129师访问。卡尔逊到了129师以后，邓小平和副师长徐向前在师部驻地接待了美国客人。卡尔逊开门见山就问邓小平："八路军有一个《抗日救国十大纲领》，听说每一个八路军战士都必须履行。邓政委，是这样吗？"邓小平点点头，说："我们八路军制订的《抗日救国十大纲领》是……"邓小平一口气把《抗日救国十大纲领》说了一遍，卡尔逊对照着手里的文件，发现邓小平说得一个字也不差。

卡尔逊请邓小平谈谈对国际形势的看法，邓小平纵论天下大势，侃侃而谈，卡尔逊十分佩服。他说："我们美国人是同情八路军和中国共产党的。"邓小平说："我相信你的话。不过，有一件事情我不明白。日本人去年向国外购买的武器，有一半是美国卖给他们的。"卡尔逊摇摇头，连说不可能。邓小平告诉卡尔逊："这个消息

083

抗战中缴获的日军机枪和手枪（山西武乡县八路军太行纪念馆藏）

图中陈列的是三挺机枪，中间的是著名的歪把子机枪，下方是九九式轻机枪，上方是九六式轻机枪，都是侵华日军的主战装备。画面左侧的手枪则是日军装备的南部十四式手枪，它的俗名"王八盒子"更为人熟知。

邓小平奔赴抗日前线

抗日战争爆发后，邓小平（坐者左三，时任八路军总政治部副主任）和朱德（站立用望远镜者）等率领八路军主力部队东渡黄河，开赴抗日前线。

是美国新闻电讯发布的。"卡尔逊仍然不相信，但心里十分佩服，八路军在深山沟里对天下大事竟能了如指掌。

卡尔逊回国后，认真地查阅了有关资料，果然如邓小平所说，美国卖武器给日本的消息是美国新闻电讯发布的。卡尔逊后来将他在延安和太行山的采访写了一本

书《中国的双星》，他在书中称邓小平的脑袋是芥末脑袋，"像芥末一样辛辣"。

刘邓不可分

129师师长刘伯承不仅是129师师长，还是邓小平心目中的"师长"，即老师和兄长。刘伯承年长邓小平12岁，邓小平对他非常尊重。邓小平闲暇的时候，喜欢模仿刘伯承的字。他对身边的工作人员说："我练的是刘

刘伯承、邓小平、朱德合影

1938年，刘伯承、邓小平、朱德在太行前线研究作战计划。

129师向太行山进军

体，这是集王(羲之)、颜(真卿)、柳(公权)、欧(阳询)名家大成的字啊！"经过一段时间练习，邓小平的字与刘伯承的字非常相像。

　　刘伯承为了激励部队发挥创造性，经常喜欢说四川的一句谚语："不管黄猫白猫，只要逮住耗子就是好猫。"听多了，邓小平也喜欢这句谚语。改革开放以后，

〔埃文斯·卡尔逊与《中国的双星》〕

　　1937年中国抗日战争爆发后，埃文斯·卡尔逊以美国驻华大使馆武官的身份来到中国。不久，他又以美国海军陆战队军官的名义从南到北，从东到西考察了中国各个抗日战场。

　　1938年，埃文斯·卡尔逊来到太行山考察，被介绍到129师驻地河北省南宫县。在这里，他见到了师政委邓小平和副师长徐向前。埃文斯·卡尔逊与邓小平进行了充分的交流。邓小平告诉埃文斯·卡尔逊关于美国卖武器给日本的消息，他当时不相信。但是，埃文斯·卡尔逊回国后，翻检了许多资料，证明邓小平的话是对的。

　　正直的埃文斯·卡尔逊辞去了公职并从美军部队退役，开始潜心研究中国共产党和八路军。1940年，他在美国出版了《中国的双星》一书，书中有许多介绍邓小平生平的内容。其中有一句名言，就是说邓小平的脑袋"像芥末一样辛辣"。这是第一部向世界介绍邓小平的出版物。

邓小平曾经多次讲过这个谚语。

　　有一次，部队经过黄泛区，一脚踩下去，烂泥尺把深，走路非常困难。邓小平亲自扶着年长他十几岁的刘伯承，走了几十里地。1942年，刘伯承过50岁生日，邓小平在席上说："我和伯承是在1931年江西苏区认识的。抗战以后，我们生活在一起，工作在一起，我们的感情非常融洽，从来没有哪一个固执己见。"

　　榜样的力量是无穷的。一个随军记者李普说，刘邓不可分，刘邓之间难以放进一个顿号。刘邓之间亲密无间的举动影响了全师的干部。　〉华强

太行山风景

由北京大学、清华大学和南开大学组成的西南联合大学在抗战时期形成了一个群星璀璨、精英云集的人文知识分子学术群体，在战争年代为国家培养了大批一流人才。

文化人的长征

万里长征，辞却了五朝宫阙。暂驻足，衡山湘水，又成别离。三千里征途，见证了西南联大师生拳拳赤子之心。

旅行团徒步赴云南

1937年12月南京沦陷，日军沿长江推进，长沙处在危急中。第二年1月，由北京大学、清华大学和南开大学组成的长沙临时大学，又改名为西南联合大学，迁往昆明。当时学校的千名学生中，已有三分之一毅然离开校园，投笔从戎，奔赴抗日救亡前线。学校决定其余学生分两路前往云南，一路是体弱的男生和所有女生，从粤汉线南下广州、香港，取道越南入滇，另一路由284名男学生组成的"湘黔滇旅行团"，徒步赶赴昆明。

为便利行动，"湘黔滇旅行团"采取军事化管理，每人发一套米黄色军装、绑带和几双草鞋。湖南省主席张治中相当欣赏学生们的举动，并派黄师岳中将等军官，分别担任旅行团的团长、参谋长和大队长，还通告所经各县给予帮助。旅行团学生身着一色军装、相当整齐，但队伍里的十一位教授却别有风采，生物学家李继侗、地质学家袁复礼都身着皮夹克，脚穿绑腿麻鞋，化学家曾昭抡和古典文学家闻一多都着灰色长衫。曾昭抡平易近人，行路也循规蹈矩，从不取巧。过黔西"二十四盘"时，所有人都穿山路，自上而下，瞬息便呼啦一下冲到山下，而他却不为所动，仍沿着公路踽踽独行，比他人多花了十几倍的时间。

大胡子教授闻一多

这年，闻一多整40岁，蓄有长髯，以至熟悉的或不熟悉他的人都称之为"大胡子"或"美髯公"，而不呼其名。他多次声称：这一把胡须因抗战失利留起，便一定要到抗战胜利之时，才能刮去。

闻一多欣然参加了旅行团。他的行李最简单，只有随身替换的几件衣衫和手稿。旅途劳累，开始许多学生劝道："还是乘火车吧。"但闻一多却说："我保证能走到昆明，你们不必担心。我不是给你们讲《楚辞》吗？屈原所以能作出那些爱国爱民的诗篇，和他大半生都过流放生活，熟悉民间疾苦是分不开的。我们读屈原的书，就要走屈原的路呀！"

在行进中，他和学生风雨同舟，栉风沐雨，从长沙

闻一多和家人在一起（上图）
西南联合大学校门（下图）
1938年4月2日，根据国民政府国防最高会议通过的决议，国立西南联合大学在昆明正式成立。西南联合大学由蒋梦麟、梅贻琦和张伯苓任最高行政领导——常务委员会委员。

《闻一多纪念文集》
《闻一多评传》
《去大后方——中国抗战内迁实录》

闻一多　张治中

坚强　仁爱

人物　关键词　资料来源

雕塑《行军》
雕塑《行军》表现了一群不甘做亡国奴的中国知识分子和平民向大后方迁徙的壮举。

乘木船，经湘江到益阳，由益阳步行到沅陵，中途乘了一段汽车后，又由湘黔边的晃县步入"地无三里平"的贵州省。时而同唱《松花江上》等救亡歌曲，时而给学生们讲故事，在路过桃源城时，为他们讲解读《桃花源记》的感受，以至有学生顿悟，作诗《咏桃花源》："雨雾漫漫遮，桃源何处是？处处有桃源，只在此心间。"沿途多有值得留意的风土民俗，为此，他又指导一些学生采风，搜集歌谣二千多首，后来还写了《〈西南采风录〉序》。他自己沿途也诗兴勃发，还绘了一百多幅写生画呢。

他们被当作大兵看

旅行团所经之地大多是贫困地区，沿途住宿饮食经常发生危机。沿途民众看他们身着黄制服，当作大兵

西南联合大学校舍
1939年4月，西南联大新校舍在昆明西北角的荒地上落成，占地124亩。共有学生宿舍36栋，全是土墙茅草顶结构，教室、办公室、实验室56栋，为土墙铁皮顶结构，食堂2栋，图书馆1栋，为砖木结构。

看，经常有人问前线的消息，有时还问道：你们的枪呢？开始团长黄师岳以"国立长沙临时大学湘滇黔旅行团"的名义，实话实说对外联系住宿、饮食，往往吃闭门羹，但当干脆打着"陆军中将黄师岳"头衔出去，竟然相当顺利，有求必应，这使旅行团省却了不少麻烦。

但麻烦仍是有。有次旅行团过盘江，早已饥肠辘辘，饿着肚皮勉强步行九十多里，到了一座县城。县长设宴款待教官、教师，却把学生晾在大堂上，闻一多和曾昭抢等几个教师颇为不平，决定不去赴宴，与学生一起坐着挨饿。到了半夜，学生发生争吵，幸亏他起来讲话："我今年已经40岁了，也跟你们一样在这里。今天这个样子，谁要是有意弄的，谁就不该活！"他以身作则，终于让吵闹平静下来。

同年4月28日，旅行团到达昆明，与已经到达的陈岱孙、朱自清、冯友兰、赵忠尧和钱穆等师生会师。此次远行历时68天，其中40天是步行，全程除去车船运载，估计实际步行为三千里。　　〉盛巽昌

历史文化百科

〔西南联大的"学术第一人"〕

西南联大只存在了短短的9年，在"两弹一星"的功臣中，邓稼先、朱光亚等8人出自西南联大。此外，它还拥有多位中国的"学术第一人"：

陈寅恪：中国懂得世界文字最多的人；

吴泽霖：20世纪40年代提出"中国人口已经相对过剩"的第一人；

金岳霖：把形式逻辑引进中国的第一人；

吴宓：开创比较文学的第一人；

钱端升：创立中国政治学的第一人；

叶笃正：中国大气科学的奠基人；

杨石先：中国研制农药的第一人；

华罗庚：美国科学院授予的第一位华人院士；

冯景兰：中国矿床学的奠基人；

汤用彤：中国能开设中、印、欧三大哲学课程的第一人。

中国大事记 1月18日，邓小平到达129师部，接替重病的张浩，担任129师政委。

〇二五

四川省主席之争

国难当头不忘权，天府宝座引垂涎。
蒋公自有锦囊计，收起乾坤不放闲。

抗战时期的四川省主席位置非常重要，重庆中央政府和四川各路地方军阀为此明争暗斗，丑剧连连。

遭反对收回成命

1938年1月，四川省政府主席刘湘在汉口病逝了。两天后，蒋介石任命时任国防最高会议秘书长、行政院副院长的张群兼任四川省主席。

蒋介石此举表明他要牢牢控制四川。却引起轩然大波。四川各路军头竭力反对。三天后，川军军长王缵

抗战时任四川省主席的张群
图中签字者为张群。张群（1889－1991），字岳军，四川成都人，抗战时曾任四川省主席。

绪指使四川省政府保安处处长王陵基任会长的武德学友会，首先发出通电，反对张群主川。当夜，成都城里城外，贴满了反对中央任命张群主川的大小标语。川军的十七名旅长，联名致电蒋介石，请求收回成命。

蒋介石以为四川军头们只是反张群，就改任贺国光为川省主席。贺国光和张群都是四川人，但都是久离四川的蒋介石的亲信，对这一任命四川军头们更是恼火，不但打电报反对，还让武汉前线的川军将领来电抗议。蒋介石只好再次收回成命。

接着，中央政府就任命王缵绪为代省长、省长。王缵绪此人相当滑头，原先在杨森处任师长时，为表示对杨忠心，自己和所部官兵左臂上都刺"森"字，后来投靠刘湘时，也为表示紧跟，在巴蜀学校楼房每块砖上印有"大邑刘湘"四字。他还是"复兴社"秘密成员，蒋介石的亲信，因此，用他来主川，可谓左右逢源。

王缵绪体面下台

1939年8月，王缵绪与四川军头刘文辉、邓锡侯、潘文华等密议川康两省联手密购弹药，建立保安团，以抵御蒋介石宰割，且签订了密约。但事后王却全盘向蒋介石托出，刘文辉等知道了，对王的行径极为愤怒，授意留守后方的川军七个师长彭焕章等联合通电，历数王缵绪挑拨中央和地方感情，扰民病民，树立党羽等十大罪状。要求将他撤职。接着，七个师长带领所部官兵在成都游行示威。

蒋介石不但没有生气，反而觉得是好机会。他仍打算任命张群为省主席。他找来了成都行辕主任兼重庆市长贺国光和邓锡侯、潘文华等人，要他们负责做好那几个师长的工作，切实稳住成都。还说，至于撤

蒋介石
王缵绪
张群

猜疑　权术

臼井胜美《中日战争》
刘红《蒋介石大传》

人物　关键词　资料来源

重庆国民政府外景

重庆各界劳军大会

换之事，政府一定会尊重大家意见的。

蒋介石找来王缵绪，让他以出川赴前线指挥第29集团军作战为名，主动提出辞去省主席职务，体面下台。

蒋介石只得自兼

王缵绪走了。蒋介石又把邓锡侯和潘文华等军头找来谈话。此时，他才露出真面目，说中央决定给川人配备一个极好的省主席，准备任命中央大员张群出任。军头们听说又是张群，坚决反对。

蒋介石强忍怒气，装出一副和蔼可亲的姿态问："张岳军不也是你们四川人吗？你们四川人为什么不满意呢？"潘文华说："岳军离川太久，大家不了解他；他的政治能力，对川人的感情如何也不清楚。所以，我们都不同意他当省主席。"

蒋介石沉默了，他想四川是大后方基地，又是陪都重庆所在地，至关重要。因而当提议张群再次遭反对后，决心打出最后一张王牌："既然你们这样说，那么川省主席，我决定亲自兼任。"几位军头一听感到愕然，不知所措。蒋介石冷冷地说："我可是当真的呢！"军头们果真被震慑住了，只得强作笑脸，表示拥护。

几天后，重庆国民政府发布命令：由军事委员会委员长蒋中正兼任四川省主席，贺国光兼四川省政府秘书长。一个月后，蒋介石由重庆飞抵成都，到四川省政府视事，主持省政府会议，听取各厅长本年度工作报告，发表告川省同胞书。

蒋介石兼任四川省主席十四个月，直到1940年11月，才辞去省主席职务，由成都行辕主任张群兼任省主席。

〉盛巽昌

川军抗日阵亡将士纪念碑

〇二六

徐悲鸿南洋卖画

画笔做武器，画布好战场。抗战烽火日炽，徐悲鸿南洋卖画，募款报国。

抗战爆发，无数中华好儿女投身救亡洪流。当祖国危急的时候，画家徐悲鸿不能亲自上阵杀敌，但他卖画筹款，同样奉献了一颗爱国之心。

别样报国之路

卢沟桥事变爆发后，中央大学与南京国民政府一同迁往重庆，徐悲鸿随校内迁，依旧执教。身为艺术家，徐悲鸿选择了一条别具特色的报国途径，那就是出国卖画，支援抗战。

1938年初在去新加坡途中，徐悲鸿写信给他的孩子：伯阳、丽丽两爱儿同鉴；我因要尽到我个人对于国家之义务，所以想去南洋卖画，捐献国家……自此他辗转他乡，以卖画报效祖国。翌年夏季，女儿又收到父亲的来信，信中写道："在国家大难临头

徐悲鸿素描（上图）
这是徐悲鸿的素描，眉宇间再现了他艺术家的一身傲骨。
徐悲鸿在新加坡举办画展（下图）

之际，各人须尽其可能的义务。"南洋景色秀美，但徐悲鸿更关注祖国大地上的战事烟云。

为国筹赈画展

徐悲鸿本来计划经香港赴新加坡，由于途中遭日军封锁，直到1938年底才辗转抵达香港，次年1月4日搭上香港驶往星洲的轮船。这是他第三次来到新加坡。

他的到来，受到当地各界的热情欢迎。著名画家李曼峰和书法家陈之初先后前来看望。南洋华侨筹赈祖国难民总会主席陈嘉庚，副主席庄西言、李清泉以及百扇斋主黄曼士等纷纷设宴。徐悲鸿也主动结交了一批当地画家，向他们宣传祖国的抗战。

1939年3月14日，徐悲鸿正在举办画展筹款，比利时驻新加坡副领事勃兰嘉委托徐悲鸿为新加坡名媛珍妮小姐画一幅肖像画，他愿意以买画的形式捐助中国抗战。不久，这幅真人大小的作品完成了，勃兰嘉看后惊叹不已，当场掏出4万新币买下了该画。同年7月6日，勃兰嘉特地举行盛大的作品揭幕仪式，新加坡总督夫妇亲临参观，倍加称赞，并与徐悲鸿合影留念。时在新加坡的郁达夫、张汝器等社会名流，也尽数前往。许多爱国华侨从报纸上获悉徐悲鸿为国筹赈的消息，都纷纷赶到展览馆争相购画，并请徐悲鸿签名留念。

"放下你的鞭子"

油画《放下你的鞭子》，在新加坡几乎无人不晓。它是徐悲鸿于1939年10月在新加坡"江夏堂"完成的名画之一。

当时，戏剧家金山正带领抗战剧团在新加坡演出，

其中就有王莹主演的《放下你的鞭子》。对王莹，对这出戏，徐悲鸿并不生疏，他早在北平和上海时便熟知王莹是个电影明星。在武汉，他也曾观看过王莹主演的《放下你的鞭子》，而且深受感动，还为此作过画。在新加坡，当他再次观看王莹的演出时，依然兴趣盎然。而王莹女士亦久仰徐悲鸿大名，并十分称赞他的人格、画品。因此邂逅新加坡时，两人一见如故。徐即刻邀请王莹到他的寓所"江夏堂"叙谈。当时已是地下党员的王莹，开诚布公地向徐悲鸿介绍了国内的抗战情况，两人越谈越投机，日后成为经常谈心的诤友。

在"江夏堂"绘制《放下你的鞭子》过程中，徐悲

徐悲鸿《放下你的鞭子》

《放下你的鞭子》是抗战期间有巨大影响的抗日街头剧。徐悲鸿的名作《放下你的鞭子》是以饰演《放下你的鞭子》女主角香姐的著名女星王莹为原型创作的，他以细腻的画笔，真实再现了王莹在《放下你的鞭子》中那"万花敢向雪中去，一树独先天下春"的风采。儿童旅行团在游历全国途中也曾上演此剧。

北京徐悲鸿纪念馆

北京徐悲鸿纪念馆原来在东城区东受禄街16号，即徐悲鸿故居所在地。1983年，位于新街口北大街53号的新馆落成开放。新馆共有七个展厅，展览徐悲鸿先生的油画、国画、素描以及书法等真迹。

鸿一边作画，一边对王莹说："你抛弃了繁华舒适的大都市生活，不怕艰苦，奔赴抗日前线，为广大官兵和群众演出，宣传抗日，现在又不辞劳苦，远航来到南洋，为支援祖国抗战日夜劳累，你的爱国精神是很值得敬佩的。为了表示我的一点心意，我将把这幅为你写生的油画，题为'中华女杰王莹'。"

半个多月后，徐悲鸿精心绘制的这幅油画终于完成了。为祝贺它的诞生，新加坡的一些爱国华侨在"江

▶历史文化百科◀

〔华侨抗战救亡团体〕

抗战时期，华侨救亡团体多达938个，占海外侨团总数的1/4。其中有三个是跨国组织，影响尤大：

一是全欧华侨抗日救国联合会，1936年9月于巴黎成立；

二是旅美华侨统一义捐救国总会，1937年8月在旧金山成立；

三是南洋华侨筹赈祖国难民委员会，1938年10月10日于新加坡成立。

在澳洲、非洲，华侨也组织多个救国团体，全力开展救亡运动。

便紧紧地围住他,每个人都抢着递上自己的小册子,请他签名留念。兴致勃勃的徐悲鸿就利用机会,和大家攀谈,尽力宣传祖国的抗日战争。有时,他应邀到各处讲演,便大声疾呼,吁请海外侨胞,多为苦难中的祖国尽力。华侨们踊跃支持抗战,每次画展,他们都竞相抢购,以买到徐悲鸿的画为荣。

徐悲鸿在南洋各地举办画展,辗转三年,卖画所得十万余美元全部捐献给祖国抗战事业。1942年夏,他才返回祖国,到达重庆。 〉廖大伟

徐悲鸿绘《风雨鸡鸣》

诗人陈三立像

徐悲鸿的这幅陈三立像作于1929年。陈三立(1858—1937),字伯严,一字敬原,义宁州(今江西修水)人。晚清维新派名臣陈宝箴长子,近代同光体诗派重要代表人物,国学大师陈寅恪之父。抗战爆发后,平津相继沦陷。困居北平的陈三立坚决拒绝与日寇合作,绝食五日,壮烈殉国。

夏堂"隆重举行宴会。《放下你的鞭子》成为新加坡人民最喜爱的名画之一。为了满足广大爱好者的需要,还特别赶制了精美的印刷品、明信片,在南洋各地广为发行……

星洲三城联展

1940年11月,徐悲鸿在近一年的印度之行后,第四次来到新加坡。这时,由于吉隆坡、槟榔屿、怡保的华侨都来邀请徐悲鸿前往举办为祖国捐输的筹赈画展,这使悲鸿异常激动。能为抗战中的祖国多做一份宣传工作,能为苦难中的同胞多尽一份力量,这正是他日夜盼望的。徐悲鸿踏上新加坡土地不久,便开始为画展夜以继日地工作起来。

1941年,在吉隆坡、槟榔屿、怡保三个城市,先后举行了徐悲鸿的筹赈画展。画展盛况空前,受到当地人民和爱国华侨的热烈欢迎。每当悲鸿穿着浅色的西服,胸前打个黑色的大领结出现在展览会场时,热情的观众们

章学新《任弼时传》(修订本)
蔡庆新·姚勇《任弼时的非常之路》

任弼时   谋略 正直
人物   关键词   资料来源

在中国革命史的前期，共产国际是中国共产党绕不开的情结。共产国际既帮助了中国革命，又因为不明中国的国情和党情，作出了很多错误的指挥。任弼时在莫斯科巧妙地处理了与共产国际的关系，为中国共产党的独立发展作出了贡献。

任弼时在莫斯科

远赴苏京，巧妙周旋，开拓独立发展之路，团结同志之心。任弼时创造性的工作将永垂史册。

拜会共产国际总书记

1938年，抗战进入相持阶段，然而共产国际却对中国抗战缺乏正确认识，加上以"国际路线"自居的王明与中共中央政治局的多数同志在一些问题上存在严重的分歧，于是这一年2月27日，中央政治局会议决定派任弼时去莫斯科共产国际工作。

1938年3月底，任弼时一行抵达莫斯科。在王稼祥的陪同下，他们拜会了共产国际执委会总书记季米特洛夫。季米特洛夫戴副眼镜，留着小胡子，身材十分高大。当任弼时和王稼祥走进办公室时，他大步迎上来，紧紧拥抱任弼时，连声说："你好！你好！"在宽大的办公室，3个人坐在沙发上亲切交谈。

任弼时早年留学苏联，就读于莫斯科东方劳动者共产主义大学，能说一口流利的俄语，所以谈话不需要翻译，这更使季米特洛夫感到高兴。

支持毛泽东为中共领导

在共产国际招待所——柳克斯公寓，任弼时奋笔疾书，起草递交共产国际的书面报告。

4月14日，任弼时出席共产国际执委会，向主席团递交了《中国抗日战争的形势与中国共产党的工作和任务》报告大纲。这份长达1.5万字的大纲，详细介绍了中国抗战、抗日民族统一战线以及中国共产党和八路军的状况。

在随后的5月17日会议上，任弼时对报告进行了补充和说明，他举的事例生动，材料翔实，具有很大的说服力。王稼祥在会后也作了补充发言。

6月10日，共产国际执委会主席团经过讨论后，作出了《关于中共代表报告的决议案》，肯定了中国共产党的政治路线是正确的。为了更好地介绍中国共产党和中国抗战的实际情况，任弼时不断地写报告，柳克斯公寓中共代表团的房间里，灯光常常是彻夜不熄。在这段时间里，任弼时积极奔走，做了大量细致的工作。他的身影经常出现在苏联国家大剧院和红场上，凡重大纪念活动他都争取出席。

青年时代的任弼时（上图）
这是1921年任弼时在莫斯科的照片，当时他刚刚克服重重艰险来到莫斯科，进入培养革命干部的东方劳动者大学。

中共六届六中全会主席团合影（右图）

7月，王稼祥准备回国，季米特洛夫约请王稼祥、任弼时谈话。他郑重地说："应该告诉全党，应该支持毛泽东同志为中国共产党的领导人。他是在实际斗争中锻炼出来的领袖，其他人如王明，就不要再争当领导人了。"共产国际还拨出30万元托付王稼祥转交中共中央。

这次约见，充分肯定任弼时来莫斯科后的工作卓有成效。

认真调查及时清理积案

任弼时到了共产国际后，发现一些极不正常的现象。最为严重的是王明、康生等奉行宗派主义的干部路线，利用清党"肃托"的机会，排除异己，残酷斗争和无情打击对他们不满的干部，对一些同志，既不让回国，又不让安排工作，长期放到基层实行劳动惩罚。他们申诉无门，精神遭受折磨，生活上发生困难。任弼时决心认真调查，负责地给予解决。

吉合，原名张期生，早年毕业于基辅军官学校和莫斯科步兵学校，俄文很好。来苏前，曾是中共绥远省委组织部长。抗战前，因为党组织遭到破坏，他和省委书记刘仁、临河县委书记王逸伦假道外蒙到莫斯科找到中共代表团。负责组织工作的康生接待了他们，他先是要吉合带电台回国到陕北找红军，可是等到吉合准备起程时，康生突然变卦，要他留下接受审查，结果把他放到国际列宁学院中国部，一"挂"就是3年。

3年过去了，吉合实在受不了，听说任弼时来到莫斯科，他决定给任弼时写报告。任弼时很仔细地看了报告，并很认真地作了一番调查。没过多久，

任弼时和女儿
1940年任弼时回国前到伊凡诺夫国际儿童院看望将要留在苏联的女儿任远芳。

他就约见了吉合。

任弼时开门见山地说："你没有问题，你愿意回国吗？"

"当然愿意。"吉合急切地回答。听到这话，任弼时爽快地说："那简单，你回去吧。"他又关切地问："你有钱吗？回去买个箱子，到军事书店买些书籍。"

任弼时办事一向利落，他又说："明天中午有汽车来接你，学校方面你不用管，我负责。"

任弼时与同志们在一起
这是1923年4月任弼时与中苏同志们的合影。左一任弼时、左二罗亦农、左四张国焘、左五刘仁静。

任弼时在以后的工作中，解决了许多类似的问题，比如及时安置了师哲的工作，撤消了强加给陈郁的处分等。

含泪留下女儿回延安

1939年9月中旬，周恩来由于右臂骨折，久治不愈，来到苏联治疗，住在克里姆林宫医院。12月下旬出院，开始处理工作。任弼时积极协助周恩来工作，积极和驻共产国际各国代表团联系，让他们了解中国抗日战争的进展情况，争取广泛的同情和援助。

周恩来在整个苏联期间，任弼时一一帮助安排，陪同他一起活动。

季米特洛夫在临别的家宴上对周恩来和任弼时说："我相信，中国革命胜利的日子已经不远了！"

1940年2月，中共中央决定，结束代表团的工作，调任弼时等回延安。任弼时作为中国共产党的使者，在莫斯科工作了将近两年。这期间，他又添了一个女儿，取名

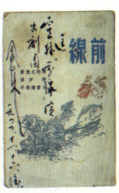

鲁艺木刻工作团创作的木刻画（左图）
周恩来读过的鲁艺演出的苏联话剧《前线》剧本（右图）

远芳，俄文名字为卡佳。任弼时夫妇准备回国时，远芳才一岁零两个多月，正是牙牙学语的时候。为了党的工作需要，夫妇俩商定把孩子寄养在苏联国际儿童院，还没来得及听远芳喊一声"爸爸"、"妈妈"，便含泪与女儿告别。 〉廖大伟

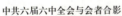

中共六届六中全会与会者合影

〇二八

"努力吧！向着伟大的路，开辟前面的事业！"这是加拿大人诺尔曼·白求恩在华的临终遗言。

白求恩鞠躬尽瘁

异国友人，远涉重洋，为中国人民的解放事业鞠躬尽瘁。白求恩妙手仁心，诠释伟大的国际主义精神。

"把我当一挺机关枪使用"

白求恩，多伦多大学医学学士，著名胸外科专家，加拿大共产党员。

1938年春，他不远万里来到延安，投身于中国抗战事业。刚到延安，就要求上前线，于是一路风尘，又来到山西五台县松岩口村。

白求恩一到村里，就奇怪地问："这是什么地方？伤员在哪儿？"晋察冀军区卫生部长叶青山告诉他，这里是军区卫生部，伤员都分散在老乡家里。

白求恩急切地说："不要在这儿停留，我要到伤员那里去！"

"吃过饭再去吧。"叶劝道。

"开饭还有多少时间？"当他听说还要20多分钟时，转身就要出门。

叶部长伸手一拦，说："一路颠簸，你已经很累。"

白求恩满脸严肃地说："我是来工作的，不是来休息的。你们要把我当一挺机关枪使用，而不是摆在客厅里供人欣赏的明代瓷瓶。"

正像白求恩自己说的那样，有一次，连续工作了69个小时，他先后为115名伤员动手术，手术台就在离前线5里的一座小庙里。炮弹不时落在周围，小庙屋上的瓦片被震得"咯咯"作响，然而他就是不肯转移。白求恩解释说："离火线远了，伤员到达的时间会延长，死亡率就会增高。战士在火线上都不怕危险，我们怕什么危险？"

直到战斗结束，他还工作在手术台上。

"我们要对同志负责"

有一天，白求恩在看护士给伤员换药，忽然发现药瓶里的药与药瓶上的标签并不一致。白求恩说："这怎么行呢？如果用错药，会出人命的。我们要对伤员负责，以后不允许再出现这种情况。"

他严肃地批评了那位

白求恩与聂荣臻司令员等人的合影
这幅照片摄于山西五台松岩口，左二为晋察冀军区司令员聂荣臻，左四为白求恩。

白求恩用过的X光机

小护士，并用小刀把瓶子上的标签刮掉。

小护士挨了批评，脸涨得通红，眼泪都要流出来了。白求恩心里很生气，他控制住自己的情绪，说：

"请你原谅我脾气不好，可是，做卫生工作不认真、不严格要求不行啊！"

事后，白求恩向医院政委提出要加强教育工作，提高医护人员的责任心。

为了更多更好地救治伤员，白求恩还主动提出要办一所模范医院。他亲自编写教材，亲自制作医疗器械，亲自为八路军医生上课。由于他对工作极其负责，参加培训的医务人员不仅提高了医术，而且改变了工作态度。

"我是O型血，万能输血者"

有个重伤员，因流血过多，送到医院时，脉搏已经很微弱，并且还发着高烧。

经过检查，白求恩决定立即动手术。手术需要输血，几个医生护士都伸出了胳膊，但伤员血型是B型，与他们的血型不符。叶青山部长说自己是B型血，可白求恩说：

"你刚献了血，还是我来吧！我是O型血，万能输血者。"

说着便挽起了袖子，躺到伤员旁边的一张床上。

叶部长劝道："你年纪比我们大，身体又不好，一天已经非常劳累，你不能输啊，我们要对你的健康负责！"

白求恩笑了笑说："前方的战士为国家为民族可以献出自己生命，我们在后方工作的同志拿出一点点血，有什么不应该的呢？"

重伤员得救了，白求恩笑了。

"这精盐是当药用的"

白求恩率领医疗队来到白洋淀旁的一个村子。这

《抗敌三日刊》追悼白求恩专刊

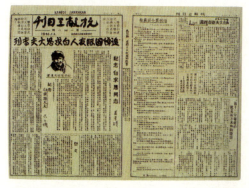

〉历史文化百科 〈

〔白求恩拒绝生活津贴〕

1938年3月，随加拿大美国医疗队来到中国的加拿大医生白求恩，同年6月抵达晋察冀边区。毛泽东特意致电聂荣臻，每月发给生活津贴100元。白求恩谢绝了，他表示我自己不需要钱，因为衣食住行等一切均已供给。

当时，延安猪肉每斤0.5元，白糖每斤1元。

白求恩医院的工作人员在制作药箱和其他用具

里暂时没有敌人的威胁，却有另一种困难。

白洋淀盛产的鱼虾，可谓美味佳肴，但由于敌人长期封锁，老百姓已经很久不沾盐了。开始还能勉强吞咽，后来见吃鱼就反胃。人们开始把鱼煮烂当粥喝，再放些辣椒去腥味，可是白求恩不吃辣，一见鱼粥就摇头。

这样下去身体会被拖垮，大家都很着急，于是有人给白求恩的碗里偷偷放了点精盐。白求恩吃得津津有味，但他很快发现，其他同志吃鱼时还是那样难以进口，敏感的他尝了一下别人吃的鱼，便问：你说有盐了，怎么你们吃的鱼却没有咸味？这到底是怎么回事？那人承认是特地给他放的，白求恩顿时大怒："这精盐是当药用的，你这样拿来，我不仅要骂你，而且要开除你！"后来经别人再三解释，并表示下不为例，白求恩才就此作罢。

"要感谢就感谢八路军吧"

白求恩不但精心救治八路军伤员，还主动热情为老百姓治病，感动了无数群众。

有一次，他在街上看见一个男孩是个豁嘴，白求恩便跟翻译商量，说："你看，这孩子浓眉大眼，挺漂亮，可惜嘴上有个豁口，给他做个整形手术吧！"翻译笑着

毛泽东与柯棣华

这是1938年初毛泽东与印度援华医生柯棣华（左三）的合影。柯棣华（1910－1942），原名德瓦纳特·桑塔拉姆·柯棣尼斯，1937年来华，后辗转至晋察冀抗日根据地，曾担任白求恩国际和平医院第一任院长。1942年病逝，为中国人民的解放事业献出了宝贵的生命。

说："可以是可以，不过，动刀子的事，要跟他父母商量一下才好。"

白求恩跟着孩子来到了他家，孩子的母亲听说要给孩子做整形手术，疑惑地问道："豁口是从胎里带来的，能治好吗？"翻译告诉她，白求恩大夫医术很高明，没有问题的。母亲听完很高兴："早就听说八路军里有一个洋大夫，是个活菩萨，要是能把孩子的豁嘴治好，那敢情好。"

手术进行得很顺利，没过几天就拆线了，小孩变得漂亮了。孩子的父母又高兴又感激，给白求恩送去一篮子红枣和柿子。白求恩也很高兴，但说什么也不肯收他们的礼物，他说："我是八路军的医生，给孩子治病是应该的，要感谢就感谢八路军吧！"

1939年11月，白求恩在医治伤员时不幸手指感染，不治身亡。毛泽东以悲痛和敬佩的心情，挥笔而就《纪念白求恩》。 ﹥廖大伟

公元1938年

公元 1938 年

世界大事记

3月16日，波兰对立陶宛发出最后通牒，迫其重开边界并调整双边关系。立陶宛随即接受。

〇二九

人物　关键词　资料来源

李林

爱国　英勇

《民族女英雄李林》

樊云芳　周浙平

抗战军兴，南洋女华侨李林驰骋雁北，杀敌无数，在身负重伤之后，她用最后一颗子弹实现了"甘愿征战血染衣，不平倭寇誓不休"的钢铁誓言。

南洋女侠血洒雁北

南洋娇小姐，北国女将军。
血沃英雄花，开遍晋高原。

制服烈马菊花青

1938年春，八路军120师和宋时轮支队挺进晋西北，在雁门关、崞县等地打了一系列胜仗。二十二岁的游击队长李林奉命进军偏关洪涛山，扎根荒村，强化训练。李林由此练得一身骑马、打枪的绝妙本领。

这天，在平鲁作战的八路军团长刘华香送来一匹叫菊花青的烈马。此马身高八尺浑身青铜色，四个白蹄，没有一根杂毛，可是性格暴躁、刚

李林烈士（上图）
李林（1916—1940），印尼归侨。1936年加入中国共产党和牺牲救国同盟会。抗战爆发后，投身雁北抗日前线，练就一身好武艺，身先士卒，英勇杀敌。1940年4月，在掩护晋绥边区特委、第11行政专员公署机关和群众团体突破日伪军包围的战斗中壮烈牺牲。

全国慰劳总会接受荷印侨胞献药（下图）
抗战爆发后，散落在各地区的爱国华侨纷纷慷慨解囊，捐款捐物，支援抗战。图为全国慰劳总会接受荷属东印度（今印度尼西亚）侨胞献药。

烈。几个骑术高明的战士先后上来试骑，都被摔下马背。

李林也上马试骑。她个子小竟够不上马背，好不容易骑上马背，但被菊花青的一个直立动作，前脚蹶起，后脚腾空，摔下马来；接着她算是掌握了烈马脾性，任凭它狂蹦乱跳，也能在马背岿然不动，而当她策马飞奔时，又被摔下马背。越是这样矫健的马，李林越是欢喜。她说："不能怪它撒野，只怪我的骑术不高。"骏马须健儿，健儿须骏马。李林经过多次摔跤，终于降伏了菊花青。

一个月后，她带领游击队出山越过长城、驻军塞上，初次袭击就获得胜仗，歼灭了一支日本骑兵中队，夺得了五十多匹战马，并经贺龙师长批准，建立了雁北第六支队骑兵营，李林担任营教导员。

秋林会议唯一女军官

从此，李林威名很快就在雁北传开了。1939年春

旅美华侨抗日游行
抗战爆发后，旅美华侨与美国人民走上街头，抗议日本对中国的侵略。

李林与老师同学们的合影

李林14岁回国，先后就读于厦门集美中学、杭州中学和上海爱国女中，这是她在爱国女中时与老师、同学们的合影。前排左二为李林。

天，阎锡山邀她参加在陕西秋林召开的高干会议。当她骑着高大的菊花青，全副戎装来到秋林时，立即引起与会官员的瞩目。她是与会的唯一一位女军官。

李林在会上慷慨陈词，痛斥阎锡山的乞和论调，深得各方人士赞赏，当新闻记者知道她还是归国华侨时，更是赞叹不已，又是采访又是摄影，忙得不亦乐乎。阎锡山想收买她，特派专人对她威胁利诱："听说你在雁北杀人过多，这不好哇，有没有错杀的？"李林当即反驳："请阁下转告阎长官，我杀的是日本鬼子、汉奸卖国贼，还有贪官、恶霸，难道是错了？"来人劝诱道："李队长这么年轻有为，是难得人才，阎长官很器重，只要是识时务，前途无量啊！"李林冷言回答："我只是一个归国的普通女青年，国家兴亡，匹夫有责，个人前途，不须考虑；要是考虑了，也就不回国了。"

来人碰了一鼻子灰，只得悻悻而去。

第二年春天，日本军集中1.2万人展开对雁北大扫荡。他们的目标是雁北行署所在地洪涛山区。专署部署军民和机关人员突围。李林请令断后，她带领六支队和政卫连做掩护。

抗大学员在上兵器课

庞大的队伍冲出去了，接着是在后面掩护的第六支队战士，也冲出了包围圈。可是李林和政卫连却被敌人的火力拦腰截断，没能冲出包围圈。李林和地委保卫部长姜胜被包围在一个群山环抱的小村里。她要姜胜带着未突出去的部分机关人员和一个排悄悄向南走，自己则大摇大摆地东走，引开敌人。

姜胜推让不了，无奈带着突围队伍走了，李林骑着菊花青与几十名战士骑着战马冲向敌阵：她身先士卒勇不可挡，身体几乎是站在马背上，手握双枪左右开弓，日军以为是突围主力，慌忙抽调南、北山下的军队增援。姜胜等顺利地突围了，但李林等却被敌人的机枪拦住，几名战士英勇牺牲。李林策动菊花青镫里藏身，迂回到机枪侧面，双枪齐发，两个机枪手呜呼哀哉。机枪哑了，她的骑兵也就冲出去了。

这时，仍在打掩护的李林在冲杀中，菊花青不幸中弹栽倒，她也身受重伤，两支驳壳枪共剩下六粒子弹，面对着蜂拥而来的日寇，李林连发六枪，真个是弹无虚发，一弹击毙一个日本鬼子。当日寇逼近时，她从容地毁坏了驳壳枪，在腰间抽出一支只有一粒子弹的小八音手枪对准了自己。　〉盛巽昌

王绍军 张福兴 《铁军骁将》
《新四军军部》

粟裕 智慧 胆识

人物 关键词 资料来源

○三○

大好江南，尽被日寇铁蹄踏遍。粟裕挂帅，率新四军先遣支队挺进敌后，韦岗初战一举告捷。

韦岗初战试啼声

故国旌旗到江南，终夜惊呼敌胆寒。
镇江城下初遭遇，脱手斩得小楼兰。

神算避敌机

按照中央部署，1938年4月28日，粟裕率新四军先遣支队从歙县岩寺潜口出发，向苏南敌后挺进。5月19日，先遣支队进入江南战场。

当夜，部队在南陵宿营。夜里，大家睡得正香，粟裕却突然把睡在身边的政治部主任钟期光叫醒："钟主任，快起来，我们立即转移。"

"什么情况？"钟期光一骨碌坐起来，眼睛瞪圆，

20响的匣子枪已经握在了手上。

"别急，别急，没什么意外。"粟裕忙解释。

钟期光松了口气，苦笑道："粟司令，你是不是打游击打出神经过敏来了？"

陈毅、粟裕肖像（上图）

这是陈列在韦岗战斗胜利遗址纪念馆中的无产阶级革命家陈毅、粟裕的肖像，新四军初建时，陈毅任一支队司令员，粟裕任先遣支队司令员，两人相继赴江南敌后开辟抗日根据地。

陈毅元帅七绝《韦岗初战》诗刻（右图）

韦岗初战胜利后，陈毅怀着喜悦的心情吟出了著名的七绝《韦岗初战》，这首诗的原文被镌刻在韦岗战斗胜利纪念碑的东侧："故国旌旗到江南，终夜惊呼敌胆寒。镇江城下初遭遇，脱手斩得小楼兰。"

"怎么会呢，我预感今晚不会平静，我们刚来，还是小心些好。这里离芜湖很近，鬼子在这一带一定有特务和电台，我军进驻南陵，敌人很快就会知道。"

"不信我可以和你打赌！"粟裕又补充了一句。

钟期光早听说粟裕神算，连陈毅都佩服他，就不再多说，与粟裕集合部队连夜转移。

次日清早，部队刚走出二十里，身后就传来了飞机的轰鸣声，南陵一带遭到了狂轰滥炸。战士们不禁目瞪口呆，佩服粟裕不迭。

决定伏击

6月16日，粟裕召集连以上干部开会，决定立即奔赴距镇江不远的韦岗，与日军打一场伏击战。

原来，早在一个月之前，粟裕侦察地形时曾到过韦岗，这里赣船山与高骊山一东一西，不偏不倚地把镇（江）句（容）公路夹在两山脚下，蜿蜒的公路在韦岗顺势形成一条弯道，而且，镇江至句容的公路上，敌人汽车运输来往频繁，警备松懈。经验和直觉告诉粟裕，这是一个打伏击的好地方。他自言自语地说："我们一定要把日本鬼子的车队截住，打好到江南后的第一仗！"

听说有仗打，而且打的是鬼子，早就心里发痒的各

连干部都争着报名。粟裕经过考虑, 决定从各连抽调6个步兵班和1个驳壳枪班、1个轻机枪班, 组成战斗部队。

参战部队连夜准备, 因为是首次参加伏击战, 打的又是鬼子的车队, 战士们心里都没有底。3年艰苦游击战, 逼得他们天天在深山老林里转悠, 从来没见过汽车, 更没打过汽车。于是, 一会儿这个班来请示:"打汽车究竟打哪儿?"一会儿那个班来问:"向鬼子喊话怎么个喊法?他们能听懂吗?"连长和指导员也没有经历过, 只好叫大家一起来讨论, 发扬军事民主。

雨中闪电战

为了行动迅速和保密, 部队趁着夜幕就出发了。早上8点左右, 到达了伏击地点。天空下着大雨, 为部队提供了极好的掩护。不一会儿, 一辆日军黑色轿车从镇江方向开了过来。待汽车驶入伏击圈, 粟裕大喝一声:"打!"机枪、手榴弹迎头痛击, 一下子将汽车的汽缸击

韦岗初战的部分战利品

这是韦岗初战的部分战利品, 包括日军服装、枪械、题有"尽忠报国"的日军旗帜和防毒面具等。墙壁上镌刻着粟裕大将的题诗和战果说明。

穿。日军驾驶员和少佐土井被当场击毙。大尉梅泽武四郎慌忙钻进车底躲藏。

没过几分钟, 日军4辆汽车又接踵而来, 战士们将一颗颗手榴弹投向敌车, 一串串子弹扫向敌群。不可一世的"皇军"被打得鬼哭狼嚎, 有的跳入水沟, 有的窜

韦岗战斗胜利纪念碑浮雕

粟裕大将题诗诗刻

韦岗初战胜利后，粟裕题诗庆贺："新编第四军，先遣出江南，韦岗斩土井，处女奏凯还。"此诗被镌刻在韦岗战斗胜利纪念碑的西侧。

入草丛，有的钻进车底。粟裕振臂一挥，飞步下山，率领战士与敌人进行肉搏。一时间，风雨声、喊杀声，震荡山谷。在经过轿车残骸时，躲在车底的梅泽武四郎钻出来，举刀要砍粟裕，粟裕的警卫员眼疾手快，一枪结果了他的狗命。

仅半个小时，战斗便胜利结束。这次战斗，日军少佐土井、大尉梅泽武四郎等三十余人被击毙，5辆汽车被击毁，缴获长短枪二十余支，军旗一面，日元七千余元以及车中所载的军需物资。

捷报余音　回味无穷

韦岗战斗系新四军江南处女战，此战一扫江南敌后抗日形势的低迷。陈毅喜闻新四军深入苏南敌后，首战告捷，当即口占七绝一首：

故国旌旗到江南，终夜惊呼敌胆寒。

镇江城下初遭遇，脱手斩得小楼兰。

此诗后又经推敲润色，首句改为

"弯弓射日到江南，终夜喧呼敌胆寒"。收入《陈毅诗词选集》，名为《韦岗初战》。

国民政府军事委员会也向新四军军部发来嘉奖电："叶军长：所属粟部，袭击韦岗，斩获颇多，殊堪嘉尚。"

几天后，韦岗告捷的喜讯很快传遍了先遣支队驻地附近，周围群众开始对新四军刮目相看。

国民党第三战区第二游击区副总指挥兼江南行署主任冷欣中将听说新四军打了胜仗，派人来"借"战利品给自己装门面，甚至提出可以用一挺机枪换一支日本步枪。粟裕对冷欣派来的代表说："东西可以送给你们，但第三战区司令长官部要打个收条给我们。"冷欣的代表没趣地走了。同志们问粟裕为什么不做赚钱的买卖，粟裕笑着说："他们要这些干什么，还不是拿去拍照片、吹牛皮，说这仗是他们打的。便宜是那么好赚的吗？"

〉廖大伟

韦岗战斗要图

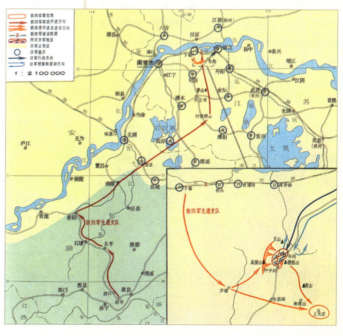

○三一

1938年2月15日，毛泽东致电陈毅，指示新四军发展方向："目前最有利于发展的地区，还在江苏境内茅山。"

建立统一战线

陈毅遵照毛泽东的指示，率领新四军一、二支队开进江苏茅山，接连打了几个胜仗，在茅山站住了脚，为建立抗日统一战线创造了条件。

茅山有个有名的绅士叫纪振纲，这个人来头不小，在当地影响很大，成为新四军首选的统战目标。纪振纲曾经是黎元洪的秘书、冯玉祥的部下，解甲归田后在茅山建立了一个茅麓公司。茅麓公司搜罗了一批散兵游勇，手上掌握不少轻重机关枪及几十门迫击炮，是茅山地区经济、军事实力最强的人。

重建新四军军部命令（上图）
陈毅与宜兴地区民主人士在一起（下图）
陈毅不仅是一位将军，又能诗词、善围棋、通音律，多才多艺，因此广泛团结了大批民主人士。这是1939年陈毅与宜兴地区民主人士在一起的合影，左二为陈毅。

陈毅上茅山

挺进敌后，陈毅尽显风流。结友上茅山，巧对点编，江中戏敌酋。

陈毅给纪振纲写了一封信，请他到茅山一叙。纪振纲接到信的第二天就来了。他乘了一顶轿子到陈毅暂住的王记旅店拜访陈毅，并送上茅山当地的茶叶等特产。纪振纲说："鄙人姓纪，听说你们共产党反对坐轿子，鄙人今天坐轿子前来，实在是大不敬。"陈毅哈哈大笑，说："纪老先生，你多虑了。新四军指挥员要骑马，伤病员要坐担架，这都是需要。今天我请纪先生来，就是因为抗战的需要。"

陈毅侃侃而谈，从纪振纲带来的茅山茶叶，谈到日本人要纪振纲当金坛县县长，国民党要他当专员，而纪振纲一概虚与委蛇。然后话锋一转，谈到新四军准备在镇江、丹阳、句容、金坛四县建立抗日总会，希望纪振纲担任主任。纪振纲开始还有一点漫不经心，认为新四军是一群土包子，听陈毅一席话，不由刮目相看。陈毅上知天文，下知地理，品茶说得头头是道，对他的了解又如此透彻，真是共产党的奇人。

于是，他对陈毅十分钦佩，他开始秘密为新四军代购棉衣、药品，并带头向新四军捐寒衣500套。陈毅就这样与纪振纲结下了友谊，迅速打开了茅山地区的统战局面。后来恼羞成怒的日本人抓了纪振纲，陈毅立即发动四县绅士具名联保，将纪振纲救了出来。纪振纲心灰意冷，决定离开茅山到上海当寓公，将公司自卫队的二百多人连同枪炮全部转交给新四军。

茅山当地还有一个颇有影响的人叫樊玉琳，樊曾经担任过国民党句容县的区长，在当地口碑不错。陈毅抵达茅山当晚就派人送信请樊玉琳到茅山乾元观会晤，请

公元 1938 年

公元 1938 年 ▶

世界大事记

3月24日, 日本颁布《国家总动员法》。

人物 关键词 资料来源

陈毅 胆识 才华

王树增《镰刀锤子话风云——十大将军元帅秘闻》

新四军一支队深入敌后

1938年4月, 新四军一支队奉命深入敌后, 开辟以茅山为中心的抗日根据地。

他共同抗日。樊玉琳当晚就应约而来,两个人一直谈到天亮。镇江、丹阳、句容、金坛四县抗日总会成立后,樊玉琳担任副会长,主持工作。在新四军经费异常困难的时候,樊玉琳变卖家产充当抗日经费,还动员他的两个儿子参加了革命。

巧妙应对"点编"

新四军以茅山为根据地,不断取得胜利。国民党第三战区司令命令江南游击总指挥冷欣到新四军"点编"。所谓"点编",就是查核官兵编制,防止吃空饷。当时国民党军队普遍存在吃空饷的情况,因此隔三差五地对部队"点编"。一旦发现吃空饷,不仅要通报处分,还要追缴、罚款。新四军当时刚开辟茅山根据地,部队正在发展之中,兵员不足额,司令部的参谋对"点编"很是担心。陈毅笑嘻嘻地对参谋说:"国民党军队哪一个不吃空饷,我们不妨以其人之道还治其人之身,可以虚虚实实,真真假假嘛。"话虽这么说,大家还是捏着一把汗。

1940年3月,江南游击总指挥冷欣在许多官员的簇拥下来到茅山新四军驻地。陈毅对冷欣说:"总指挥来

视察,我们安排了三项内容:第一,唱军歌,看看新四军的精神面貌;第二,科目操练,看看新四军的军事素质;第三,点编。你看可好?"冷欣点头表示同意。

参谋长罗忠毅挑了一个仅容百把人的空地作为"点编"场地。冷欣到了"点编"场,只见一百多个新四军战士穿戴整齐,在参谋长罗忠毅的指挥下唱军歌。冷欣一听,唱的是《大刀向鬼子们的头上砍去》、《义勇军进行曲》、《国共合作歌》等,唱得雄壮有力。冷欣点点头,说:"唱得好!"

接下来表演操练,40个新四军战士背着大刀开进场地,表演劈刀。参谋长一声令下,40个人同时拔刀。40把军刀犹如蛟龙,忽而上天,忽而入地,出神入化,杀声震天。冷欣只见刀光,不见人影,连呼:"妙,妙,妙,想不到新四军军事素质如此之好!"大刀表演结束后,一

陈毅在江南新四军指挥部成立大会上讲话

中国大事记 3月16日，八路军129师386旅在潞城东北神头岭伏击敌人，毙敌第16、108师团共一千五百余人，缴获长短枪三百余支。

队新四军战士跑步入场，表演三八式刺刀步枪刺杀动作，也得到了冷欣的赞扬。其实，唱歌和劈刀表演都是陈毅想出来的点子，这些活动的时间拉长了，"点编"的时间就缩短了。

劈刀、刺杀表演完毕以后，开始进入"点编"主题。陈毅说："总指挥，新四军条件有限，就这么大个场地，让你见笑了。"冷欣说："国难当头，有这么一块场地算不错了。"冷欣随行的一个上校军官开始点名，叫一个人的名字，某人出列，跑步到冷欣面前敬礼，然后跑步到场地的另一侧。点了才一两百人，时间已到中午。陈毅起身招呼说："总指挥辛苦，吃了饭再点编吧。"

中午的饭菜异常丰盛，陈毅和司令部的参谋一个劲地向冷欣和他的随从人员灌酒，这一餐饭一直吃到下午3点半。冷欣和他的随从回到"点编"场地的时候，陈毅说："听说总指挥的枪法好，不知能不能让大家开开眼？"冷欣已经醉眼朦胧，哪能打枪？陈毅下令表演射击，新四军战士百步穿杨，个个身手不凡。冷欣开始还强打精神观看，一会儿工夫就呼呼大睡了，"点编"也就不了了之。

陈毅假扮司令

为了争取友军，陈毅奉命到泰州会晤鲁苏皖边区游击总指挥李明扬和李长江。新四军准备了一份礼物，送给李明扬的是一把日本指挥刀，送给李长江的是一匹东洋马。陈毅命令将东洋马和其他各种货物装上一只大木船，趁夜渡江。

茅山乾元观旧景

乾元观是茅山一带最有名的道观，陈毅率部挺进茅山地区后创立了抗日根据地，将司令部设在这里，陈毅同志的办公室和住所在乾元观内的宰相堂和松风阁。1938年深秋，日寇扫荡茅山，乾元观被焚毁，坚决支持抗日的观主惠心白道长等道士被害。1994年，乾元观重建开放。

木船驶到江中心的时候，遇到了鬼子的小汽艇。船老大按照预先准备，用手电发出信号，表示是民船。小汽艇慢慢靠上来，上面有十来个鬼子和伪军。船老大认识伪军的队长，笑嘻嘻地掏出一叠钞票塞给队长。队长上船草草看了一眼，对鬼子说："太君，检查过了，都是良民。"

第三战区各界举行劳军大会

1940年，第三战区各界举行劳军大会，各部队云集，墙壁上写有"拥护总裁，抗战到底"等字样。新四军即属于第三战区建制。

谁知船舱里的东洋马听到这熟悉的声音突然嘶叫起来。鬼子一听，立即命令重新检查。鬼子打开舱盖，果然见到东洋马。鬼子凶狠地问船老大是怎么回事，船老大忙说："太君，马是皇军送给徐老板的，徐老板就是长江水上警备司令徐老虎。"鬼子听了将信将疑。

就在这个时候，只听一声咳嗽，陈毅从后舱慢慢走出来。陈毅一副黑道打扮，鼻梁上架着墨镜，手上戴着金灿灿的戒指，夹了一根雪茄烟。鬼子问："你是干什么的？"陈毅说："我就是徐老板。你好像是大桥据点的。我的这匹马，就是给你们据点的小野队长的。你在前面带路。"鬼子瞪着陈毅，还是怀疑。因为长江中心是新四军和鬼子交界的地方，这一带常有新四军活动。陈毅大大咧咧地吩咐："船老大，点灯，让他们看看！"船上的几盏马灯一一点亮，在灯影里露出二三十个彪形大汉，

官陡门战斗胜利留影

在陈毅的一支队节节胜利的同时，粟裕率领的二支队在江南敌后也屡建奇功。1939年1月20日，粟裕率二支队奇袭芜湖官陡门据点，歼敌伪二百余人，俘虏57人，缴获机枪4挺，步枪七十多支，还有其他军需品。战斗胜利后，粟裕欣喜地写下长诗。战士们特意拿上战利品合影留念。

陈毅、曾山、李步新、谭震林（从左至右）在皖南中共中央东南局驻地合影

都提着双枪。见了这架势，鬼子拍拍陈毅的肩膀，说："你是皇军的朋友，我们大桥见。"

鬼子的小汽艇离开以后，大木船正要启航。这时，远处一束探照灯扫过来。陈毅一看，心说不好，是鬼子的长江巡逻艇。他立即下令：立即扬帆，直奔江北。

〉华强

○三二

周作人失节附敌

兄弟殊途，周作人失节附敌。泉下有知，鲁迅先生将作何春秋笔法？

周作人，昔日五四新文化运动骁将，难敌威逼利诱，沦为日伪走狗。

想当"苏武"居然事敌

1937年7月28日，北平陷落。学术文化界人士，纷纷南下。北大与清华，也宣布南迁，但周作人却按兵不动。直到1938年，周作人也没有要南下的意思。界内人士急了，几番催促，担心他失节。周作人解释说："舍间人多，又实无地可避，故只苦住。现只以北京大学教授资格蛰居而已，别无一事也。"周作人甚至要求别人："请勿视留北诸人为李陵，却当作苏武看为宜。"

在他看来，留在北平，不至于发生什么事，然而，事情并不像他想象的那样。

1938年2月9日，在已落水的"老朋友"汤尔和、钱稻孙影响下，周作人出席了"更生中国文化建设座谈会"。

座谈会是由大阪《每日新闻》出面召开的，其实有日本军方背景，借此网罗文化汉奸，鼓吹汉奸文化，以便更好实施奴化教育。出席这个座谈会，就意味着事敌，不幸的是，周作人出席了。

4月25日，上海《文摘》刊登了周作人出席"更生中国文化建设座谈会"的消息，并配有照片，周作人长袍马褂，跻身于日本特务与汉奸文人中间。消息传出，全国哗然，人们纷纷谴责周作人。而周作人此时内心也在矛盾，他该不该"出山"。

元旦在家遭到枪击

1939年元旦上午9时许，周作人正在客厅与人聊天。刚坐下不久，家佣徐田来告，有天津中日学院学生求见。学生来找周作人是常有的事，对于青年人来访，周作人一般都是接见的，所以他也很爽快地说："就请他们进来吧。"

进门来的是两个青年，周作人还没看清他们的脸，其中一人便问："你是周先生吗？"周作人礼貌

北平伪"临时政府"主要汉奸头目

花甲之年的周作人（上图）
1944年，周作人60岁，沦为汉奸也已6年，虽然风度犹存，但不免气色颓唐。

周作人访日（下图）
周作人（1884-1968），原名櫆寿，又名奎绶，字星杓，鲁迅的二弟，浙江绍兴人，现代散文家、诗人、文学翻译家，中国新文化运动的代表人物之一。抗战时，周作人沦为汉奸。1934年，周作人（左一）夫妇访问日本抵达东京。

世界大事记　4月5日至6日,斯堪的纳维亚四国外长会晤,讨论防御问题,发表《奥斯陆声明》。

陈子善　《闲话周作人》
钱理群　《周作人传》
犹豫　怯懦
周作人

人物　关键词　资料来源

《谈龙集》(右图)

周作人《谈龙集》,1927年12月由上海开明书店出版。收文凡四十四则,文多"关涉文艺"。

地站起来点头。那青年突然从衣袋里拔出手枪,对着周作人就是一枪。周作人立即倒地,与他聊天的那人急忙表示:"我是客人。"那青年不理,抬手又是一枪。见两人都被击中,两青年从容地出门而去。

经医院检查,两人均无大碍。周作人虽弹中左腹,但因穿着厚棉袍,里面绒线衫的纽扣又正巧挡住了子弹,所以只擦伤了一点皮肉,稍作治疗就出院。

事过之后,周作人非但没有反省,反而一不做二不休,决定"出山",并接受日伪的上门"护卫"。不久,周作人出任北京大学图书馆馆长,这是他接受的第一个伪职。随后又当北大文学院院长,参加了日本军方控制的东亚文化协会,在落水的路上一步一步地滑下去。

吹捧汉奸就任伪职

正在周作人一点一点沉沦的时候,他的"老朋友"、伪华北教育总署督办汤尔和突然病死。周作人参加了治丧委员会,写祭文,送挽联,还多次出席各类公祭,大肆吹捧这个汉奸,把丑说成了美,把恶说成了善,把汉奸汤尔和的卖国行径说成是经国事功,救民苦难。他的挽联写道:

一生多立经国事功,不图华发忽萎,回首前尘成大梦;

《中国新文学的源流》(左图)

1932年2月至4月,周作人应沈兼士之约,在辅仁大学先后作了八次学术讲演,经记录整理后,汇成《中国新文学的源流》一书,由人文书店出版。

此出只为救民苦难,岂意擅度中断,伤心跌打胜微言。

汤尔和死去,空出了教育总督的位子。为了这个职位,各派政治势力展开了争斗,结果这职位落到了以独立自由知识分子自居的周作人身上。

1941年元旦,周作人正式接到汪精卫签署的伪南京政府委任状。1月4日,周赴教育总署行就职礼。自此,这位"半只腿入水"的大文人终于"完全下水"。昔日在北平八道湾"苦住庵"里喝苦茶的他,现在开始忙碌于侵略者和汉奸上层之中。　》廖大伟

历史文化百科

〔北京大学教授群〕

北平沦陷时,北京大学与北平多数大学南迁。北京大学承认的留平教授有四位:周作人、马裕藻、冯祖荀和孟森。

孟森不久即愤世病逝,临死前有诗规劝老友郑孝胥,并与之绝交。周作人投敌,任教育部督办,马裕藻将周作人拒之门外,要儿子出门发话:我父亲说了,他不认识你。1945年4月马裕藻愤而去世,去世前总说:天快亮了吧!天快亮了吧!

1945年抗战胜利后,南京国民政府只承认北平的两所大学即辅仁大学和何其巩主持的中国大学,与大后方大学一律看待。

血战台儿庄

倭寇猖狂，终有竟时。
谁振长缨，李帅宗仁。

台儿庄位于徐州东北，北连津浦线，南接陇海线，战略地位非常重要。日军占领南京后，急于打通津浦线，夺取徐州，取道郑州，进攻武汉。1938年3月，日军调动2个师团、1个旅团及伪军共七八万人进攻台儿庄。国民党调动21个师、2个旅约18万人与日军决战。

没有一个人后退

日寇进攻台儿庄的主力，是由号称"中国通"的矶谷廉介率领的第10师团。他们虽然遭到了中国军队的节节抵抗，仍然杀开一条血路直扑台儿庄。在这里，第五战区司令长官李宗仁将军布下了冯玉祥军的西北军旧部——孙连仲将军的第2集团军担负正面防御。西北军以善于防守著称，士兵肉搏擅用大刀。

血战中，日军每天向台儿庄发射六七千发炮弹，加上飞机轰炸，固守台儿庄的中国军队31师阵地上已是一片焦土。为争夺台儿庄的一村一地，师长兼台儿庄守备司令池峰城亲自率领部下与日军展开了十几次肉搏战，阵地上到处都是尸体。指挥所的面前躺着一个中国兵，一个日本兵，双方都将刺刀插入了对方的胸膛，两个人都睁大了眼睛，保持着生前的愤怒。

31师伤亡巨大，士兵们的大刀都砍成锯齿状了。池峰城视察阵地时，忽然见到营长张静波。张静波这个营打得只剩下几个伤病员，张自己也负了伤，实在顶不住了，就从阵地上撤了下来。池峰城问："为什么擅自离开阵地？"张静波哭着说："师长，弟兄们都拼光了，给部队留点种子吧！"池峰城厉声喝道："现在到了生死存亡关头，你还要保留什么种子！我连你这个种子也不要留！"说罢，手起枪响，张静波当场被打死。"传我的命令，有后退者格杀毋论！"激战中31师尽管伤亡惨重，却没有一个后退。池峰城大叫传令副官："张静波报烈士，厚待家属！"

炸浮桥背水一战

池峰城枪毙了张静波，心里却非常难受，有的连

血战台儿庄时孙连仲用的大刀(上图)
西北军宿将孙连仲(左图)
孙连仲(1893—1990)，字仿鲁，原名孙席儒，河北雄县人，抗日名将，出自西北军，为冯玉祥爱将。台儿庄战役时任第2集团军司令，担负台儿庄正面防御。
第五战区劳军大会(下图)

公元1938年

公元 1938 年 ▷ 世界大事记 4月6日，美国承认德国吞并奥地利。

《民国时期重大事件纪实》
陈益民 江沛
《老新闻》

何俊良
英勇 悲壮

李宗仁

人物 关键词 资料来源

已经打得一个人也不剩了，他何尝不想保留一点种子？可是，拼光了部队事小，丢了台儿庄事大。这时，日军已经占领了台儿庄的五分之四，31师被挤压在台儿庄的一角，部队的背后是运河，运河上架了一座浮桥，这是31师的后路。

他决定打电话向第二集团军司令部要求增援："孙总，我是池峰城，我实在顶不住了，请你派援兵！"集团军总司令孙连仲说："援兵没有，顶不住也要顶！"池峰城说："把部队拼光，你就成光杆司令了！"孙连仲气呼

中国军队增援台儿庄

台儿庄是中日军队争夺的焦点，中国军队由于装备落后，伤亡更为惨重。参战各部队在极大的爱国热情鼓舞下，前赴后继，令出即行，通过浮桥驰援台儿庄。

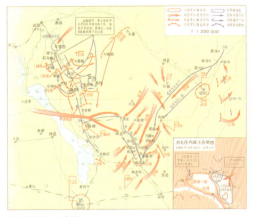

台儿庄战役示意图

这是台儿庄战役的完全示意图，时间从1938年3月14日至4月7日。图上标示了战役各个阶段的全过程以及台儿庄内的战斗态势，极其详尽。

呼地说："你竟敢这样和我说话！"说罢就把电话摔了。

放下电话，孙连仲立即要通了第五战区长官司令部的电话，请求李宗仁增派援兵。孙连仲说："第二集团军

历史文化百科

〔王铭章殉国〕

国民党122师长王铭章奉命防守滕县。日军以飞机、大炮猛炸、猛轰，滕县城破。王铭章率三千多军警与日军展开肉搏战。王铭章准备到西关车站组织力量抵抗，途中不幸腹部中弹。他疾呼："抵住，死守滕县！"这时，王铭章再次中弹，已不能行动。

为了不拖累部下，他高呼"抗战到底！"，饮枪殉国。参谋长赵渭宾、副官长罗甲辛、参谋谢大埔及124师参谋长邹慕陶及随从十余人同时遇难。滕县县长周同听说王铭章遇难，从残破的城墙跳下，坠城身亡。城内受重伤的士兵听说师长身亡，为了不当俘虏，以手榴弹相互自炸，全部牺牲。

王铭章是台儿庄会战中牺牲的最高指挥官。第五战区司令长官李宗仁对王铭章死守滕县给予了高度评价。他说："若无滕县之死守，焉有台儿庄之大捷。是台儿庄之战果，实滕县先烈造成之也。"

111

公元1938年

抗日名将李宗仁

李宗仁（1891—1969），广西临桂人，字德邻，桂系首领，国民党高级将领、军事家。台儿庄战役时任第五战区司令长官，指挥得当，取得大捷。这是李宗仁在台儿庄大捷后在台儿庄车站的留影。

悍将汤恩伯

汤恩伯（1898—1954），国民党高级将领。名克勤，字恩伯。浙江武义人。早年毕业于日本士官学校，长期效忠于蒋介石。抗战前期任第二十军军团团长，曾在南口重创日军。台儿庄会战中，汤恩伯持观望态度，救援不力，致使滕县失守。战役末期，汤恩伯在蒋介石的严辞督促下挥军攻击日军侧背，卒获大捷。

群众劳军

台儿庄战役的胜利大大振奋了全国民心。战役胜利后，河南人民派代表向参战部队赠送宝鼎和锦旗。

伤亡惨重，请你给第二集团军留点种子，也是你的大恩大德！"李宗仁说："胜负往往决定于最后5分钟，援军明日可到，你务必坚持！"孙连仲无话可说："我服从命令，直到集团军拼光为止！"李宗仁又说："我悬赏10万元，你可组织敢死队进行夜袭！"

　　孙连仲立刻打电话给池峰城，没头没脑地说："士

兵拼完了你就自己填进去，你填过了，我填进去。有敢渡过运河者杀无赦！"池峰城说："好，我们背水一战，我马上下令炸掉运河上的浮桥！"几分钟后，孙连仲听到

112

世界大事记

4月9日,法国殖民当局镇压突尼斯示威民众,取缔新宪政党,逮捕布尔吉巴等领导人。

"轰隆"一声巨响,他知道浮桥被炸,31师的后路断了。

为了不当亡国奴

池峰城按照孙连仲的命令,开始组织敢死队。他看看自己的部下,个个破衣烂衫,人人披红挂彩,他担心敢死队组织不起来。谁知话一出口,士兵们一个个争着要当敢死队,池峰城激动得热泪盈眶。一会儿工夫,一百多人站成了一排。池峰城走到队伍面前,一个地挑选,把那些负伤过重的士兵拉出了队伍,最后剩下57个人。他亲自给每一个人发了一条白毛巾扎在臂膀上作为标记,又给每一个人发了10枚手榴弹。

然后,池峰城给大家鞠了一躬,说:"你们跟我这么多年,没有得到什么好处,今天我却要把你们送上死路,真是太对不起了!"池峰城命令士兵将满满一箱银元抬出来,说:"这10万大洋是上峰给你们敢死队的,你们大家分吧。"敢死队的一个士兵说:"师长,我们不要钱。我们充当敢死队是为了不当亡国奴!"敢死队的其他士兵也说:"这个时候还要钱干什么?"

池峰城一把撕开了自己的破烂军服,露出了赤诚的胸膛,抓起一把银元,将它抛在空中,说:"说得对,我们不要这个!"他拔出左轮枪,对天连放5枪,打开最后一颗子弹,说:"这一颗留给我自己!"他猛地一挥手,敢死队出发了。

日军经过多日连续激战,非常疲劳。他们已经占领了台儿庄的五分之四土地,认为国民党军伤亡殆尽,所以晚上日军很放心地在占领的房子里宿营,根本没有想到疲惫之师会来偷营。敢死队摸黑闯进日军的宿营地,挥刀猛砍,许多日军在睡梦中成了刀下鬼。敢死队一直杀到台儿庄的西北角,台儿庄的战局开始扭转。

4月5日,汤恩伯军团袭击日军侧背。4月6日,李宗仁下令全线反攻,炸毁了日军的火药仓库,日军被迫逃窜。7日,台儿庄战斗取得胜利。　〉华疆

版画《台儿庄大战》(上图)
版画《台儿庄大战》表现了中国第五战区将士在台儿庄力战日寇的英姿。台儿庄的车站站牌与将士们冲锋的身影交叠在一起,富有动感和视觉冲击力。

电影《血战台儿庄》海报(下图)

○三四

蒋经国在赣南

"太子"下乡，气象一新。
人治难立法制，人去政息。

抗战爆发后，蒋介石应江西省主席熊式辉之请，让蒋经国到江西最边远的赣南，任第四行政督察专员兼保安司令。1938年冬，蒋经国到任后，迅速推出了禁烟、禁赌、禁娼，肃清土匪的"三禁一清"政策。

亲率人马砸"黑窝"

蒋经国上任后，就贴出了"三禁一清"通告。可是，赣州利民百货商场经理卢中坚依仗"土皇帝"刘甲弟的势力，不管你"通告"怎么发，照旧赌个天昏地暗。

这天深夜，商场三楼窗幔飘动，不时闪出微弱的灯光，间或还传出喧闹的声浪。卢中坚为防备军警捉赌，早已在楼上楼下加强了武装保安，一旦楼下稍有动静，三楼的赌场会立即收拾得干干净净。

这时，蒋经国化装成小贩，随着装扮成"送小吃老倌"的部下，进了商场大门，先将楼下保安制服。接着，他手下的军警行动组员鱼贯而入，将二楼三楼的保安也缴了械。

当蒋经国的几十名军警出现在上百名赌徒面前时，他们都吓呆了。这天夜里，卢中坚不在赌场。他闻讯后吓得连夜逃到了韶关，立即写了一份悔过书，还认捐关金3万元，托人送给蒋经国。加上当晚缴获的赌注现洋、金条有2万银元，这样，蒋经国才同意将赌徒交保释放。

这笔赃款，蒋经国把它全部投入建造收养战时孤

蒋经国在江西任上

1938年冬，蒋经国正式出任第四行政督察专员兼保安司令。由于他曾在苏联留学，因此在任上采取了一些进步措施。

蒋介石与蒋经国、蒋纬国合影

这是蒋介石与两个儿子蒋经国、蒋纬国的合影。左为蒋经国，便装。右为蒋纬国，戎装。

儿的儿童新村。就此, 刘甲弟的赌窝也不得不收敛了。

执法毫不留情面

有一次, 江西吉泰警备司令赖传英的太太和专员公署军事科科长杨万春的太太邀人在家聚赌。军警闻讯敲门时, 其他人吓得从后门溜走了, 而这两位太太却毫不在意而被当场抓获。

按规定, 聚赌者不罚钱不坐牢, 却要到赣州公园新建抗日阵亡将士纪念碑前, 上下午各罚跪3小时。蒋经国经再三思忖后, 断然命令警察局长: "与其他赌徒同样处罚!"

两位太太被迫穿上红背心, 由军警押着在碑前下跪了三天。罚跪时, 因赖太太不断破口大骂, 又被送进"新人学校"教养了三个月。

还有一次, 南昌大银行经理傅子庭的儿子及五个同伙在吸毒时被巡警抓住。按规定, 吸毒者要被枪毙。傅子庭立即表示, 即使倾家荡产也要捐一架飞机为儿子赎命。

这时, 蒋经国正在趁为父亲蒋介石祝寿之机, 发动各界人士为抗日募捐, 准备同意傅子庭的请求, 为他儿子留一条生路, 并在报审公文上批示: "念其年轻无知, 且有悔悟表现, 可免死刑。"不想, 傅子庭疏通了熊式辉关系, 打算将其儿子转押到省军法处处理。

蒋经国接到省军法处电令, 知道这是傅子庭耍两面派, 用重金贿赂省府, 以权要人, 顿

蒋经国1939年为日军轰炸而死的母亲毛福梅泣书的碑

赤脚穿草鞋的蒋经国

蒋经国在江西注重深入民间访贫问苦, 经常步行下乡。因此装束上也很朴素和平民化。图为赤脚穿草鞋的蒋经国。

时将批示划掉, 重新批上"杀无论"三个字, 立即执行。

培养嫡系中嫡系

为了调查情况, 蒋经国脚穿草鞋, 遍访了赣南十一个县, 他在体会中写道"在赣南, 我一共步行了2850里路, 经过了974座桥, 其中有714座是要修理的, 有84条路是不能走人的。"

在赤株岭举办"三民主义青年团江西支部训练班"时, 蒋经国亲自当班主任。结业典礼的这一天凌晨2点40分, 蒋经国带领学员在大风大雨中跑上了赣县最高的崆峒山, 并说: "我们这两星期的训练, 最重要的是洗心的工作。每个人应反省一下, 自己是否把心洗干净了, 是否有了洁白的良心。"

"青干班"共举办了5期, 五百多名学员, 日后成了蒋经国的"嫡系中的嫡系"。蒋经国在赣南呆了6年, 是蒋经国发迹的起点, 也是他一生的辉煌时期。

1943年12月, 蒋经国被蒋介石调到重庆任职。"赣南新政"随之付诸东流。可见, 没有好的制度作保证, 人治仅能收到短期效果。 〉张锡昌

115

〇三五

邓拓办报

才子邓拓，以笔为枪，胜过三千毛瑟。艰难困苦，锻炼出优秀的新闻队伍。

抗战艰苦的年代，邓拓在晋察冀边区主持的《抗战报》、《晋察冀日报》，闻名全国，令敌胆寒。

接任于危难之中

1938年4月中旬，26岁的邓拓调到《抗战报》任主任。《抗敌报》是中共晋察冀省委机关报。

邓拓是在危难之中接任此职的。就在8天前，日寇对晋察冀边区发动了春季大"扫荡"，阜平城里的报社也遭到敌机轰炸，把印刷中的《抗敌报》第25期以及印刷用的石印机全炸毁了。当时报社主任舒同、副主任沙飞都已调走了，只留了一个副主任洪水（越南籍）和十几个新来的青年学生。摆在邓拓面前的，就是要迅速恢复《抗敌报》。

阜平是不能呆了。邓拓和洪水带领《抗敌报》成员随着晋察冀军区政治部转移到山西五台县大甘河村。这里没有合适的住房，邓拓就把工作室和印刷车间安排在村边的海慧庵荒庙里。他们推倒了泥塑的菩萨，用土台作办公桌，在麻油灯下看稿、编稿、处理来稿和写信，白天外出采访，深夜就睡在土台上。

经过艰苦努力，《抗敌报》终于推出了第25期。邓拓后来说：它是生命史中可纪念的一页，是一个新的进步的开始。

邓拓和洪水相处很好，在洪水调离报社时，他写诗《赠洪水同志》：

回首红河创痛深，人间从此任浮沉。
北来壮志龙仙运，南国诗情天下心。
十载风波三万里，千秋血泪一生吟。
东风望眼浪潮急，莫到飘蓬直到今。

在马背上写社论

1938年秋天，《抗敌报》为配合边区军民反扫荡，从五台向东部山区转移。报社人员挑着印刷机、电台，翻越海拔1200米的高山，但报纸仍按期照出不误。邓拓在行军中，还得写社论，有时为了赶时间就在马背上写。而且还得时

摄影家沙飞（上图）
沙飞（1912－1950），原名司徒传，祖籍广东开平。1926年参加北伐，在国民革命军当报务员，1932年在汕头电台当报务员，1936年9月考入上海美术专科学校，1937年9月在山西太原担任全民通讯社摄影记者。1937年12月在河北阜平参加八路军，先后担任《抗敌报》社副主任、晋察冀军区政治部宣传部摄影科科长、《晋察冀画报》社主任、《华北画报》社主任。

李少言《破路》（下图）
这是著名版画家李少言的作品《破路》，表现了根据地军民全力破袭敌人交通线，断敌交通的场面。

世界大事记

4月24日，苏台德区德裔首领汉莱因提出《卡尔斯巴德纲领》。

顾行成美《邓拓传》
张帆《才子邓拓》
才华
邓拓　坚强

人物　关键词　资料来源

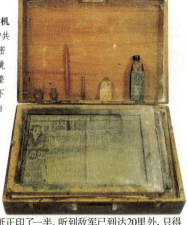

沈涵使用的油印机

抗日战争时期，中共江苏省委在秘密工作的特殊环境下，仍积极开展整风运动。中共地下党员沈涵用此油印机油印了多份毛泽东刘少奇的重要文件。

时注意敌人动向，常常和敌人捉迷藏。有一次报纸正印了一半，听到敌军已到达20里外，只得立即拆版转移。

经过几百里山路行军，报社来到瓦窑村。这是一个仅有十几户人家的小山庄。他们借了几间草棚，做临时排字、印刷厂房，用几张桌子做案板排版，靠着麻油灯豆粒之光编辑、印刷。邓拓和编辑们坐在门槛上、小凳上，用膝盖充当桌面编稿、改稿和写稿。当时印刷机器等装备先运走了，邓拓就亲自动手，用毛笔写大小标题，再用手工木刻。这些木刻字在报纸上出现，别开生面。

《抗敌报》在一个半月的反扫荡行军途中，发表了八路军和游击队大量歼敌捷报，令人读后兴奋不已。邓拓由此还写了《勖报社诸同志》诗一首：

> 笔阵开边塞，长年钩剪风。
> 启明星在望，抗敌气如虹。
> 发奋挥毛剑，奔腾起万雄。
> 文旗随战鼓，浩荡入关东。

"铧子尖七进七出"

1940年，《抗敌报》更名为《晋察冀日报》。这时，邓拓所领导的员工，已有五百多人。当日寇分13路向边区发动"冬季扫荡"时，报社辗转几百里，最后驻屯在河北平山滚龙沟。

滚龙沟是条纵深几十里的长峪，这里重峦叠嶂，沟阔洞多，两面高峰如屏，相当隐蔽。邓拓安排在沟里办报，日日夜夜由报社的武装自卫队把住沟口，山顶设流动哨，遇有敌情紧急，立即坚壁清野。情况稍有缓和，他们就挖出印刷机等器材印报。

1941年秋天的两个月里，报社印刷厂在所在的铧子尖小村，曾将器材埋了又挖，挖了又埋，先后反复，共埋了7次又挖了7次，留下了《晋察冀日报》史上"铧子尖七进七出"游击办报的故事。

在这年秋天的反"扫荡"里，邓拓领导的《晋察冀日报》的员工们，一边战斗，一边出报，连续出版了32期报纸，发表了20多篇社论和很多重要报道，还有《放羊娃王二小》、《狼牙山五壮士》等长篇通讯。这些报道当时就震撼人心，经过半个多世纪的考验，今天已经以中华民族威武不屈的无畏气概传遍世界。

反"扫荡"胜利结束，邓拓当即写了《晋察冀日报社社歌》：

> 太行高耸，滹沱在怒吼，
> 我们用钢铁的语言，
> 和万众的步伐合奏。
> 我们是文化劳动者的队伍，
> 像海燕，像旗帜，
> 飞翔在燕赵古都的郊原。
> ……

〉盛巽昌

抗敌剧社正在演出《我们的乡村》

抗敌剧社是晋察冀军区组织的优秀剧社，排演了很多反映根据地农村生活、宣传抗日的优秀剧目。著名表演艺术家田华就曾经是抗敌剧社的小演员。图为1939年《我们的乡村》剧照。

117

〇三六

纸片轰炸

面对狂轰滥炸，纸弹还以颜色。以德胜暴，堪称创举。

抗日战争爆发，中国军民遭受日本飞机轰炸，吃尽了苦头，蒋介石就想派飞机轰炸日本本土，让日本人也尝尝飞机炸弹的味道。

对日实施精神打击

中国空军奉命拟定《空军袭击九州四国计划》，计划以空军第10大队10架重型轰炸机袭击日本佐世堡军港。但是，要实现远程轰炸，一是需要能够长距离飞行的轰炸机；二是需要重磅炸弹。蒋介石派人到苏联秘密购买武器，特别是重型轰炸机和重型炸弹。可是，苏联既不愿意卖给中国轰炸机，也不愿意卖给中国500公斤以上的重型炸弹，只卖给中国最大不超过10公斤的炸弹。10公斤的炸弹威力太小，蒋介石计划轰炸日本本土的计划受挫。

蒋介石不甘心，他的智囊团提出，不妨给予日本一次精神打击。1938年4月，国民党军事机关提出了实施精神打击的具体方案：对日本实施宣传、示威性的人道主义空袭，以此警告日本四岛并不是安全岛。国民党军委会命政治部第三厅编写传单，又命令空军进行模拟空袭，保证万无一失。

在日上空抛洒传单

当时国民党空军的飞机已经所剩无几，为了实施这次空袭，国民党空军几经挑选，最后认定只有两架"B—10B"重型轰炸机勉强能承担这个任务。这种轰炸机的航程不及1000公里，为了不让日本空军的雷达发现，同时缩短飞行距离，决定将宁波作为远征军空袭的前进基地。

14轰炸机中队长徐焕升接到空军总部命令，准备远程奔袭日本。因为缺乏远程通讯和导航设备，这一次飞行充满了危险。徐焕升将生死置之度外，奉命从汉口飞重庆，在重庆进行了一个多月的模拟空袭。

5月19日下午，空军总司令部向徐焕升等飞行员正式下达远征命令：驾机到日本散发中国政府告诫传单。下午3点23分，两架"B—10B"重型轰炸机肩负着特殊使命，从汉口机场秘密起飞。14轰炸机中队长徐焕升驾驶长机1403号，19轰炸机副中队长董彦博驾驶僚机1404号。2个小时后，飞机抵达宁波，地面人员将准备好的一捆捆传单装进弹舱。

晚上11点48分，1403号和1404号轰炸机再次双双腾空，沿舟山群岛向东直飞日本九州。这一天，云层浓

轰炸日本第一人徐焕升

徐焕升（1906—1984），上海市崇明人。江苏医学院肄业，黄埔军校第四期、中央航空学校第一期毕业，曾赴德、意航空学校深造。传单轰炸日本的编队长机飞行员。

118

陈益民《民国空军的航迹》
江沛
高晓星《老新闻》
时平
正义　勇敢
徐焕升

人物　关键词　资料来源

凯旋留影
1938年5月19日，中国空军徐焕升、董彦博双机编队对日本实施传单轰炸，开创二战中轰炸日本先河。图为双机凯旋后孔祥熙在机场与飞行员的合影。右一为徐焕升。

九州防空部队却没有对空射击。徐焕升双机远征日本，总共抛洒各种传单200万份。这是日本有史以来第一次遭受外国飞机袭击。

第二天早上，长崎、福冈的市民发现街道上、树丛里、房顶上到处都是红红绿绿的传单。日本当局惊惶失措，立即派军警挨家挨户搜缴传单。

厚，天黑不见月光。徐焕升上升到3000米的巡航高度，向地面报告："云太高，不见月光，完全是盲目飞行。"地面指挥员听到消息后焦虑不安，紧张地注视着雷达。

飞机飞临东海上空后，巡游在东海的5艘日本军舰发现异常，打开雪亮的探照灯对飞机照射。一时间，日本军舰上的高射炮、机关枪一起向我机开炮、射击，徐焕升双机巧妙地避开了炮火。徐焕升向指挥所报告："现在成编队飞行，一切平安。"地面指挥所松了一口气。

经过3个小时的长途跋涉，1403号和1404号轰炸机在20日凌晨2点45分飞临日本长崎上空。从空中望下去，长崎在沉睡，闪耀着星星点点的灯火。徐焕升报告："已达日本上空，看见地面灯光，请指示！"地面指挥所欢呼雀跃，指挥员命令："准备投弹，散发传单！"

徐焕升驾机在长崎上空巡视一周，迅速降低高度，随着地面指挥员一声令下，无数纸片在长崎上空飞舞，降如瑞雪。接着，徐焕升双机按预定计划飞赴福冈上空，在抛洒宣传品的同时投下照明弹。在照明弹的照耀下，千万张纸片像蝴蝶般飞舞。徐焕升接着飞向九州，在九州上空进行了第三次抛洒。

徐焕升听到九州拉响了防空警报，不知什么原因，

人道远征震惊日本

凌晨4点32分，双机安全返航，分别在玉山和南昌

▶ 历史文化百科 ◀

〔重庆防空洞惨案〕

抗战前期，日军飞机常对重庆、成都等大西南城市滥炸。1939年始，重庆成立防空部队，由刘峙为防空司令，负责开挖防空洞等设施。

1942年初某天，日机又对重庆滥炸。当时，防空司令部在校场口石灰市挖了一个特大防空洞，可容纳几千人。但开筑简易，只有两个进出口，通风设备不合格，且未经严格检查就投入使用。洞内有几千人，在轰炸间隙，几次要求解除警报，出来换空气，但遭禁止，直至人们多近窒息，争向洞口奔跑时才下令解除，但为时已晚，前面出洞者在洞口跌倒，后来者压上来，很快将两个洞口堵塞，通风口又小，无人维持秩序，致使几千人在洞口闷死。惨案发生后，刘峙派出担架营搬运尸体，当时尚有多人处于休克，如及时抢救，足可救活，但担架官兵趁机搜敛金银财宝，遇到未死的也卡死了。事后，刘峙妻子亲信搜查担架官兵全身，所获金银财宝竟装满三辆小汽车送往刘家。

惨案发生后，因众怒难犯，蒋介石将刘峙撤职。

中国大事记

5月1日,新四军军部机关报《抗敌报》在皖南创刊。

在日本上空飞行的中国飞机

着陆加油。上午11点13分,1403号和1404号在汉口机场降落。国民党行政院院长孔祥熙、参谋总长何应钦亲自到机场迎接徐焕升等空军英雄。徐焕升刚刚打开座舱盖,何应钦就高声说:"欢迎你们,我们民族的伟大英雄!"双机凯旋后,武汉三镇人民鸣放鞭炮,3日不绝。

中国空军远征日本,实施了世界空战史上绝无仅有的纸片轰炸,不但震惊了日本,也震惊了世界。中国空军双机在日本本土上空飞行约2个小时,日本飞机没有来得及拦截,高射炮也没有发一颗炮弹。

抗日战争爆发以来,日本空军违背国际公约,对我后方无防御城市和平居民进行狂轰滥炸。中国空军轰炸机在日本上空飞行,日本方面事前不悉,事后无备,中国

凯旋归来的东征空军受到武汉人民热烈欢迎

装载传单
担任传单轰炸任务的中国空军轰炸机装载传单。

却没有投掷一枚炸弹。如果如传单所说"百万传单,将一变为千吨炸弹",日本将要付出多大的伤亡?世界人民将中国空军的远征称为"人道远征"。

6年后,美国《生活》杂志刊登了全世界著名飞行员的照片,中国飞行员徐焕升的照片赫列其中。照片文字说明:徐焕升是先于美军杜立德轰炸日本本土的第一人。 ＞华强

抗战初期中国空军飞机性能表					
国别	机种	时速(公里)	升高(米)	航程公里	装备
美国	驱逐机	304	8600	460	机枪2、炸弹52×2
美国	驱逐机	387	7750	625	机枪2、炸弹52×4
美国	驱逐机	378	7864	625	机枪2、炸弹52×4
美国	轻轰炸机	238	不详	524	机枪2、炸弹210
美国	轻轰炸机	365	7400	580	机枪3、炸弹500
意大利	轻轰炸机	240	4860	1192	机枪2、炸弹600
意大利	重轰炸机	293	不详	2880	机枪4、炸弹2000
美国	重轰炸机	344	7600	2200	机枪3、炸弹2316
德国	重轰炸机	342	不详	1490	机枪1、炸弹
美国	侦察机	322	4200	不详	机枪2
美国	攻击机	283	4620	不详	机枪5、炸弹222

正义　爱国

陈垣　爱国

人物　关键词　资料来源

陈垣与辅仁大学

山河破碎，陈垣坚持学术救国。
拒不易帜，辅仁大学精神不倒。

八年抗战期间，陈垣一直坚守在辅仁大学。面对敌人的诱惑与威胁，他以一个学者的操守，践行了学术抗日救国的理念。

国土丧失只有悲痛

陈垣是辅仁大学校长，北平沦陷之后，日伪接管的高校都将日语作为必修课，改用日文课本，学校悬挂日本国旗，有的甚至要求师生进校时向日本国旗敬礼。辅仁大学则不然，不仅不挂日本国旗，不用日文课本，不将日语作为必修课，而且不受伪教育部的命令，仍保持国民政府规定的学制、校历和教材。

1938年5月，日军攻占徐州，日伪方面强迫北平全市悬挂日伪国旗，并强令群众上街游行，以示庆祝。辅仁大学及附属中学对此拒绝执行，结果日伪方面多次派人"质问"校长

陈垣校长像

陈垣（1880—1971），字援庵，又字圆庵。笔名谦益、钱罂等。中国宗教史研究巨匠，教育家，广东新会（今属江门）人。1926—1952年任辅仁大学校长，1952—1971年，任北京师范大学校长。他曾经被毛泽东誉为"国宝"。

陈垣，陈垣毫不畏惧地回答："我们国土丧失，只有悲痛。要庆祝，办不到！"

生义我欲舍生取义

日伪方面派了一个日本"学者"前来会见陈垣充当说客，此人是京都大学教师，研究汉学，此前陈垣访日时，曾经见过面。来人劝陈垣从命，还说："你总不依命令，难道不怕死吗？"陈垣乃从容引用《孟子》回敬："生亦我所欲也，义亦我所欲也，二者不可得兼，舍生而取义者也。"说客见规劝不成，只好灰溜溜地走了。

后来此人又受人之托请陈垣题字，陈垣给他题写了曹植的七步诗：

煮豆燃豆萁，豆在釜中泣。

本是同根生，相煎何太急。

那人走后，陈垣对身边的弟子柴德庚说："我们对这些人要特别注意，一点儿不能妥协。我们说的话，他们回去可以造谣。但写在纸上的东西，他们就没有办法了。一定要注意，不能有半点儿客气。"

"就是几万元，我也不干！"

陈垣是位有社会地位和学术声望的人，日伪方面一直想收买他，利用他，多次请他出来"工作"。有一次，日伪方面请他参加东洋史地学会，并请他在会中担任职务。该机构名义上是学会，实际上是汉奸组织，陈垣当即一

陈垣著《校勘学释例》（上图）

辅仁大学校友会

辅仁大学校友会位于北京市西城区定阜大街1号，即辅仁大学遗址，现为北京师范大学继续教育学院所在地。

口拒绝。接着，日伪又请他出来担任大东亚文化同盟会会长，月薪数千元。陈垣说："不用说几千元，就是几万元，我也不干！"

日伪方面见请他不动，转而拉拢他的朋友出任会长。陈垣急忙赶过去劝阻，可惜这位朋友已经接受了伪职。陈垣拂袖而去，从此与之绝交，再不往来。

积极营救抗日师生

陈垣的民族气节和爱国精神深深感染了辅仁大学的师生们，学校里抗日救国的氛围越来越浓，成了北平抗日进步知识分子的活动之所。

华北文教协会是一个抗日团体，由辅仁大学秘书长英千里，教授沈兼士、张怀等领导，他们经常在校内秘密活动。1944年春，日伪方面获得情报，派日本

曾任教于辅仁大学的朱希祖

1921年1月4日文学研究会成立会摄影。中排右二为朱希祖，曾任教于辅仁大学。

宪兵队随即抓捕了英千里、赵禹锡、葛信益、赵光贤等师生三十余人。事情发生后，校长陈垣千方百计进行营救。据赵光贤回忆："出狱之后，去拜见先生，先生热情地握着我的手说，'你们终于胜利归来，欢迎你！'"

表述学术抗日理念

作为辅仁大学的教授和校长，陈垣总是不失时机地教导学生不要附敌，不要做汉奸。每届学生毕业，他一定会用中国儒家经典中的话来巧妙地进行爱国主义教育。每年校友返校，他也一定会用丰富的国学知识来斥骂敌伪和卖国求荣的人，教导大家要忠于祖国。

整个抗战期间，陈垣撰写了7部专著，十余篇论文。在这些论著中，他提倡顾炎武的经世致用之学，阐发中国历史上的爱国主义传统。1940年完成的《明季滇黔佛教考》，主要研究清初西南遗民避清逃禅的活动，但书名用的是"明季"，用以表示这些遗民终未降清，寓意在北平日伪势力包围之下，要保持气节，不要附和敌伪。《通鉴胡注表微》是陈垣在抗战时期完成的最后一部著作，既是他后期学术论著的代表作，也是他表述学术抗日理念的主要成果。　〉廖大伟

世界大事记	5月11日，苏联最高苏维埃主席团主席加里宁宣布，必要时将履行对捷、法条约义务。	翁文灏　周恩来 人物	团结　救亡 关键词	张叔岩《20世纪上半叶的中国石油工业》 资料来源

〇三八

抗日战争爆发后，中国国土大片沦陷。由于沿海各口岸相继陷落，从国外进口"洋油"的线路中断，抗日后方很快发生了严重的油荒。因为大后方铁路少，运输几乎全部依赖汽车，汽油成为最珍贵的战略物资。

1938年6月12日，国民党资源委员会在汉口设立了甘肃油矿筹备处，准备开发玉门油矿。

得到周恩来的支持

玉门油气资源丰富，常有原油流出地面，中外地质学家认定这里是"中国石油之希望"。不过，位于祁连山北麓的玉门，处于茫茫戈壁的边缘，海拔约2400米，气候变化无常，冬天奇冷无比，向来人迹罕至。受制于内乱和经费，国民党政府一直没有能力进行开采。

为了坚持抗战，资源委员会的专家们将勘探、开采玉门油矿的事情，提上了蒋介石的案头。蒋介石指示，此事由资源委员会的负责人翁文灏、孙越崎负责。

翁文灏听到消息十分高兴，但又感到进行正式勘探，必须要有钻机。如果从国外购买，不知要等到何年何月？从其他地方调运，也是困难重重。似乎远水解不了近渴。这时候，翁

开采玉门油矿

抗日救国，无分彼此。
兄弟携手，开发玉门。

文灏想起了当年资源委员会因红军占领陕北而留在陕北延长油矿的钻机，是否可以调用呢？

翁文灏立即前往中共驻汉口办事处，找到正在汉口的共产党代表周恩来，说明了来意：请求将延长油矿的两部钻机调运到玉门去。

周恩来听后，非常爽快地回答："贵我两党同心抗战，精诚合作，请你放心，我们一定支持。"周恩来当即嘱咐八路军驻汉口办事处处长钱之光负责办理此事。为了防止出现意外，他同时还给西安八路军办事处和延安中共中央发了电报，请有关人员协助资源委员会调运钻机，并可派遣部分技术人员一同到玉门工作。

人拉肩扛搬运钻机

甘肃油矿筹办处代处长张心田，受资源委员会的委派去陕北接洽。张心田先到西安八路军办事处，又转赴陕甘宁边区政府，受到高岗、萧劲光等人的接见，并与八路军后勤部军工局负责人具体协商拆

地质学家翁文灏（上图）
翁文灏(1889－1971)，浙江鄞县（今属宁波）人。中国第一位地质学博士，地质学家，对中国地质学教育、矿产开探、地震研究等多方面有杰出贡献。他主持发现并开采了中国第一个油田：玉门油田。

资源委员会主任钱昌照、副主任孙越崎巡查阜新煤矿（左图）

123

卸机器的事。对张的到来，边区政府予以热情招待，提供工作和生活上的便利。

一切谈妥后，资源委员会负责拆卸的工程师十余人抵达陕北延长。为了使钻机一到玉门就可以安装开钻，边区政府出人出力，帮助克服了许多困难，配齐了所需的各种机器附件，工程师们终于完成了拆运机器的任务。

可是，两台钻机拆卸下来后，资委会却派不出车来运走，张心田只好又打电话给八路军后勤部军工局，请求边区政府派车把两台钻机运到咸阳，然后由国民党政府派车转运。

尽管当时共产党为了抗日，已经在前线投入大量的人力物力，车辆十分紧张，但为了尽快开采玉门油矿，边区政府还是想方设法派出汽车帮助装运钻机。由于钻机并不在公路旁，边区政府动员了大量群众，人拉肩扛，硬是把两台钻机及其配件送到了公路旁，才装到汽车上。

钻机运到咸阳，还是不见国民党方面的车辆，张心田向翁文灏、钱昌照报告情况后，只得利用自备汽车和牛车等交通工具，将钻机运抵兰州，再艰难转运至玉门。

中国石油工业诞生

1938年10月，受资委会主任翁文灏的派遣，刚从美国回来的甘肃油矿筹备处主任严爽，带着地质学家孙健初、测绘专家靳锡庚和若干工人，不顾天寒地冻奔赴玉门矿区。抵达酒泉后，再往西就没有公路了。

12月26日，严爽一行骑着骆驼抵达风雪中的戈壁荒漠玉门老君庙。随后，越来越多的人来到了玉门。在等待延长两台钻机的同时，勘测队边等边干，开始确定井位，试用人工挖掘第一号井，两个星期后，竟然见油了。

1939年5月，延长的两台钻机运到玉门后，油矿筹备处就用它们一连打了6口油井，日产原油10吨，定名为K（干油泉露头）油层，当年玉门就产油428吨。玉门油矿出油的消息一经传开，大后方各机关、公司及部队等纷

孙健初（右）与家人合影

孙健初是著名的地质学家和石油地质学家，是玉门油田的开拓者之一。

至沓来，要求分配汽油，但僧多粥少，根本不敷分配。

1941年3月，为准备大规模开发玉门油田，资源委员会撤消油矿筹备处，在重庆正式成立甘肃油矿局，任命孙越崎为总经理，严爽为玉门油矿矿长。

这时候，掌管财政大权的是行政院院长兼财政部长孔祥熙，翁文灏、孙越崎要求他批拨500万美元购买机器设备。孙越崎对他说："这是功在千秋的事情，院长批准了，历史会记下您这一笔的。"这句话大概打动了孔，他竟然批了"同意"。

中国现代石油工业诞生了。虽然经历了难以言喻的困难，至1945年，玉门油矿已完成钻井61口，日炼原油5万加仑。玉门油矿的开发建设，不仅有力地支持了抗日战争，而且培养造就了中国自己的石油工业队伍，为以后新中国石油工业的发展奠定了基础。

在十多年后的大庆石油会战中，大庆著名的"八大石油工程师"，有7人出自玉门。1962年，周恩来总理曾到大庆油田视察。在接见大庆石油工人时，他深情回忆起当年国共合作的这一段往事：他如何亲自批准将陕北的钻机运到玉门，并安排延长的石油工人随行到玉门。就是那些工人和钻机，打出了玉门最初的油井。　〉邢建榕

○三九

蒋在珍　蒋介石
悲惨　灾难
李泽平《民国野史大观》
《民国时期重大事件纪实》
何俊良
人物　关键词　资料来源

1938年6月6日，开封沦陷。郑州危急。而中国军队伤亡惨重，疲惫已极，无力再战。为确保中原地区，蒋介石下令掘开黄河大堤，以水阻敌。

花园口以水代兵

万般无奈，统帅部以水代兵。
黄水无情，顷刻间涂炭生灵。

黄河决口

1938年6月9日早上，一场暴雨过后，有人从花园口黄河大堤上，一边狂奔，一边狂呼："决口啦! 决口啦! "黄河大面积决堤，呼喊声被咆哮的黄河浪涛淹没，几乎没有人听到呼喊。

这时候，花园口下面的一个村子里正在嫁姑娘，花轿进村的时候，全村的人都出来看热闹。忽然，大家听到远处传来轰隆隆的炮声，地面似乎在颤抖。人们正在诧异的时候，只见一股洪水凶猛地扑过来了。大家吓得赶紧往回跑，可是还没有跑到家门口，洪水已经齐腰深。花轿在大水里飘了几飘，就没影了。这个村子里的人一个也没有跑得出来，水面上到处漂着男男女女的尸体。

这一天，黄河决堤有两处，一处是郑州以北的花园口，决口宽150米；一处是中牟县以北的赵口，决口宽300米。咆哮的黄河像一匹脱缰的野马分别从花园口和赵口奔腾而出，形成了一个宽达三四十公里、水头高达数米的洪峰。洪峰沿贾鲁河直扑涡河，所经之处，23个村庄眨眼之间无影无踪，95个村镇转

商震将军
商震 (1891–1978)，抗战爆发时任第20集团军司令，是花园口决堤的具体经办人之一。

瞬之间没入水底。

以水代兵

这次黄河决口，不是自然灾害，而是人为的破坏。

1938年6月初，国民党驻郑州第20集团军总司令商震突然接到最高统帅部命令：立即炸黄河大堤，实现以水代兵，以河制敌。商震对统帅部"以水代兵，以河制敌"的策略心知肚明。上个月，陈果夫提出掘黄河大堤以造成黄泛区阻敌的建议，蒋介石当时没有表态。5月19日，30万日军占领徐州，与国民党军数十万军队处于胶着状态。以日军机械化部队的速度，无法突围的国民党军队

花园口决堤航拍图

将面临灭顶之灾。蒋介石终于将目光转到了黄河。6月1日，最高统帅部决定"于郑州以西实施黄河决口"。

6月4日，商震命令39军军长刘和鼎调遣工兵择地掘堤。工兵选在中牟县一个叫赵口的地方开始掘堤。商震亲自到黄河大堤上督工，为大家打气。工兵掘了3天3夜，终于掘开了一个数尺宽的口子。谁知有心栽花花不发，夹带着泥沙和杂物的黄河水在这个口子流了两个多小时就把口子堵住了。刘和鼎不得不向蒋介石如实报告，被蒋介石臭骂了一通。蒋介石说："这次决口有关国家和民族的命运。没有小的牺牲，哪有大的成就！在这紧要关头，切戒妇人之仁，必须打破一切顾虑，坚决去干，克竟全功！"刘和鼎派工兵在决口处以下30米处再挖，结果因沙土堵塞又告失败。

"克竟全功"

一筹莫展的商震在集团军高级将领会议上传达了蒋介石"克竟全功"的命令。新编第8师中将师长蒋在珍主动请缨并建议在花园口决堤，获得蒋介石的批准。为

黄河花园口当年国民党决堤处

1938年6月7日，国民党军为阻滞日军的进攻，在郑州花园口炸毁黄河大堤，使豫皖苏3省44个县市，5.4万平方公里被淹，一千多万农民失去家园，89万人死亡。洪水后的瘟疫和饥荒又夺走百万人的生命。

程潜（中）与部属合影

程潜(1882—1968)，字颂云，湖南醴陵人，老同盟会会员，北伐时的第六军军长。1938年任第一战区司令长官兼河南省主席，奉命在郑州花园口决堤。

了加快速度，统帅部命令黄河决口工程在赵口和花园口同时进行。

6月7日晚上，蒋在珍派人在花园口附近以修工事的名义抓了几百个青壮农民，把他们带到黄河大堤上，让他们掘堤。农民一看让他们掘大堤，谁也不动手。蒋在珍派人拿了许多大洋分发给农民，农民扔了大洋，大骂蒋在珍和国民党绝子绝孙。蒋在珍恼羞成怒，下令士兵开枪，打死打伤了几十个人，却还是没有一个人动手。

蒋在珍无可奈何，决定选调工兵营八百多个精壮的军人来掘堤。为了防止泄密而造成百姓恐慌，蒋在珍以日军即将到来为借口，下令将花园口附近的老百姓统统赶到10里以外的地方，又调了1个团的兵力在花园口决堤处密布岗哨。

黄河决口之后的灾民

工兵营长黄映清知道掘堤是伤天害理的事,他率领士兵来到大堤上的关帝庙齐刷刷地跪下。营长热泪长流,祷告说:"关老爷啊,我们被日本鬼子欺负得惨,万般无奈只好放黄河水。黄河淹死百姓,请你宽恕我们!"数百官兵面对黄河,号啕大哭。

郑州境内的黄河大堤既是大堤,也是公路,宽30米,高20余米,由开封通往洛阳。蒋在珍令部队分为5班施工,每2小时一换,又下令从老百姓家里抬来几十口水缸,在水缸里放上炸药,连掘带炸。经过一夜挖掘,呈铁锈色的河水终于在6月8日早上8点左右喷涌而出。蒋在珍从郑州调了2门平射炮,对着黄河的缺口接连发射了67枚炮弹,将黄河的缺口撕开了2丈长。这一天,正好下了一场暴雨。6月9日,咆哮的黄河水将花园口2丈长的口子撕成约50丈长,黄河决口了。

欲盖弥彰

蒋介石电告第一战区总司令程潜,让他组织力量向民众宣传:敌机炸毁了黄河大堤。6月11日,国民党中央社从郑州发出第一条电讯:"敌以我军阵地巩固,无法攻破,竟联合汉奸将中牟以北赵口、杨桥一带黄河南岸大堤,决口四五处,并以飞机猛烈轰炸,将决口处愈为扩大,致滚滚黄水,夺堤而出。"

黄河决堤,震动中国,震动世界。各国纷纷派记者到花园口采访。蒋在珍下令将决口附近的小龙王庙以及房屋、大树用炸药炸倒,亲自率领新编第8师全体官兵以及郑州专员公署临时派调的两千多民工在花园口抢险。中外记者在现场见到死尸四处漂浮,侥幸活下来的老百姓攀树登屋,浮木乘舟,哭声不绝于耳。

记者听了蒋在珍关于抢险的介绍后纷纷发问:"蒋师长,飞机炸弹的弹坑一般不过1米深,而黄河大堤的厚度有二十多米,即使6架飞机的炸弹都扔在一个弹坑里,也很难把黄河大堤炸开呀,请你解释一下!"蒋在珍装聋作哑,顾左右而言他。事后,"克竟全功"的蒋在珍获得蒋介石亲自颁发的青天白日勋章一枚。 〉华强

黄河大铁桥

黄河大铁桥是通往郑州的咽喉要道。1938年2月,为阻止日军通过黄河大铁桥杀向郑州,新八师奉命将大铁桥炸毁。

127

中国大事记

5月19日夜间，中国空军出动两架"马丁"B—10型轰炸机，远征日本本土，投下100多万份传单，对日本侵略者发出了严正警告。这是日本有史以来第一次被外国飞机轰炸袭击。

〇四〇

抗日旅行团

读 万 卷 书 ， 行 万 里 路 。
救 国 图 强 ， 童 子 争 先 。

千古奇闻　铁打的事实

1933年秋，由陶行知先生创办的淮安县新安小学，发起成立了新安儿童自动旅行团，负责人是校长汪达之。

旅行团共有7名学生，他们决心在国难当头之时，到全国去宣传抗日救亡，因为"中华民族到了最危险的时候"，他们需要在社会实践中接受教育，增长才智。

他们先到镇江、上海旅行了50天，到工厂、棚户区访问，了解工人的贫困生活情况，与报童们一起上街卖报，又到学校去演说。旅行团不但在中、小学演讲，而且在大夏、光华、沪江等大学演讲。陶行知先生每隔几天就到他们的住处探访，和他们亲切交谈。后来他说："新安儿童自动旅行团来沪演讲，我问一位大学教授，小孩子们讲得如何？他说，'几乎把传统教授的饭碗弄得有些不稳'，虽然是千古奇闻，但确是铁打的事实。"

演讲抗日　人称"小先生"

有了这么一个良好的开端，汪达之想再组织一个规模更大的旅行团，到全国各地去宣传抗日救亡。1935年10月10日，汪达之又组织了一个15人的新安旅行团。

他们在《义勇军进行曲》的歌声和蒙蒙细雨中，从淮安出发踏上征程。团员中最大的20岁，最小的才12岁，人称"小先生"。他们出发时，每人只有一身单衣，一双草鞋，一把雨伞及简单行装。但他们的宣传工具却不简单，有一台旧的电影放映机，一台小型汽油发电机，以及《一·二八淞沪抗战纪实》、《民族痛史》、《抵抗》等进步影片，准备在旅途中放映给当地百姓看。

陶行知先生为了支持他们，把安葬母亲的一笔人寿保险费500元捐献出来，吴耀宗、黄炎培、吴蕴初等人慷慨解囊相助。音乐家任光送来了《义勇军进行曲》等唱片和扩音机、幻灯机等。

全团的生活十分困难。一路上，孩子们的日常生活一律自理，自己洗衣服、烧饭，但情绪始终十分高昂。他们走到哪里，电影就放到哪里，还去工厂、学校放映，往往一天放映五六场电影。更多的时候，他们不遗余力进行各种宣传活动，许多人看了电影，听了他们的宣传后，就加入到他们的队伍当中。新旅足迹所至，抗日救亡运

黄炎培遗作、遗物（下图）
黄炎培(1878－1965)，字任之，号楚南，上海人。民国教育家、实业家、政治家，中国民主同盟主要发起人之一。新中国成立后任政务院副总理兼轻工业部部长等职。这是黄炎培的印章和他的遗作手迹。

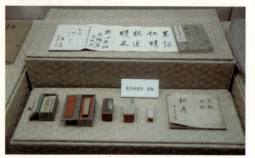

教育家陶行知（上图）
陶行知 (1891－1946)，人民教育家，安徽歙县人。"五四"运动后，从事平民教育运动，创办晓庄师范。抗战爆发后先后创办"中华业余学校"、育才学校等，并大力支持了儿童旅行团的活动。

公元1938年　公 元 1 9 3 8 年

世界大事记

5月21日，捷克斯洛伐克征集后备军，出兵苏台德。

柯小卫《陈鹤琴传》
汪达之　陶行知
坚强　救亡
人物　关键词　资料来源

动形成高潮，新旅的人数越来越多，最多时有九十多人。

邓颖超即席赋诗祝贺

1938年6月底，新旅撤退到了武汉。一到武汉，新旅就投入到全市筹备纪念"七七"抗战一周年和开展"保卫大武汉"的宣传活动中去。他们在街头跳起了表现工农兵团结抗战的《抗日升平舞》，唱起了"一切都为了抗战"的《新安进行曲》，演起了广场剧《放下你的鞭子》。他们动员民众为抗战踊跃捐款，组织难童写标语、画漫画。

在武汉，新旅举行了成立3周年茶话会。文化界、新闻界许多人士赶来参加茶话会。"太老师"陶行知先生风趣地说："我不是你们的太老师，而是你们的太学生，因为你们向工农学习，我要向你们学习。"他还当场作了两首诗《小好汉》、《三万歌》送给新旅。其中一首：

人从武汉散，他在武汉干；

一群小好汉，保卫大武汉。

茶话会进行到一半，邓颖超同志匆匆赶来，她说："周恩来同志本来要来参加你们的会，但因临时有事

桂林七星岩
七星岩，隋唐称栖霞洞，宋代称仙李岩、碧虚岩。位于桂林七星公园内普陀山腹，东西贯通，入口在天玑峰的西南半山腰，出口在东麓。七星岩是石灰岩发育较完全，景物较丰富，保护较好的地下宫殿，是桂林的名胜之一。抗战期间，儿童旅行团曾在此上课。

抗战时期的邓颖超
抗战时期，邓颖超长期在武汉和重庆从事统战工作，1937年12月，先后任八路军武汉办事处妇女组织员、中共中央长江局妇委委员。次年3月，参与组织中国战时儿童保育会，担任该会常务理事。她积极支持儿童旅行团的工作。

来不了，我特地赶来参加你们的活动。"她热烈祝贺新旅在3年中取得的成就，号召大家支持新旅，即席送了一首诗，其中两句说："你们走过了三万多里路，我也走过了两万五千里！"直到武汉失守前三天，新旅团团员才随八路军办事处的部分同志一同撤退到长沙。

敌人轰炸我们在上课

1938年11月，新旅来到广西桂林。这里也不安全，敌机时常光顾，狂轰滥炸，到处是残垣断壁，空气中弥漫着浓重的硝烟味。小先生们一点儿也不惧怕，有的教人识字，有的组织唱歌，有的把反映日寇暴行和游击队抗战的照片、图片、漫画串在绳子上，面对着围观的群众，他们就讲开了："看，这张照片是日本鬼子放火，烧毁我们的房屋，把我们从家里赶出来了。这是游击队，专门在敌人后方打敌人，敌人随处都会挨打。"

有时敌机来袭，在刺耳的防空警报声中，小先生们

美国《生活》杂志以中国少年兵为封面

就与老百姓一起躲进防空洞，他们往往利用这个机会，继续给老百姓上课，声讨敌人罪行，鼓励大家树立抗战必胜的信心。至今，桂林七星岩洞口还保留着新旅当年写的一条标语："敌人在轰炸，我们在上课"。

前后十七年　行程五万里

1941年1月皖南事变发生后，新安旅行团无法在国统区继续活动。根据周恩来同志的指示，全团四十余人秘密地从桂林出发，途经广州、澳门、香港、上海等地，分批转移到苏北抗日根据地。

新旅回到苏北后，新四军政治委员刘少奇、代理军长陈毅在盐城接见了他们，欢迎他们到解放区工作。

根据陈毅同志的安排，他们深入盐城农村发动群众，同盐民、渔民打成一片，进行社会调查，组织政治、文化学习。他们还配合新四军和民兵站岗放哨，盘查行人，送信带路，护理伤病员，还把参加生产作为自己的重要一课。

不久，新旅组建了7个工作队，分赴淮安、盐城、射阳等县组织儿童团、少年队，开办儿童干部训练班，培训小先生，开展扫盲活动。他们的教学方法多种多样，采用启发式教学、实物教学、"做什么，学什么"等，有时还采用拆字教学法帮助群众识字。

抗战胜利后，新安旅行团的团员们写了一封信，托到延安开会的中共华中分局书记邓子恢和副书记谭震林捎给毛泽东主席，汇报了他们的工作和学习情况。1946年5月20日，毛泽东主席欣然命笔，给孩子们回信，勉励他们继续前进。

新旅从成立到结束（1935－1952），前后17年，行程约五万里，足迹遍及全国22个省市。孩子们把自己的命运和祖国的命运紧紧结合在一起，为了中华民族的解放，贡献了他们的青春甚至生命。　〉邢建榕

陶行知和孩子们在一起

世界大事记

5月26日，日本内阁改组，6名陆海军将领入阁。

库里申科　陈怀民　友谊　壮烈

《民国时期重大事件纪实》高晓星　时平
《民国空军的航迹》何俊良

人物　关键词　资料来源

○四一

武汉大空战

中苏雄鹰傲长空，倭寇铁鸦烟尘生。
舍身破敌山河壮，弦光流火照英雄。

1938年6月12日，日本陆海空三军40多万人以攻占安庆为目标，揭开了武汉会战的序幕。

日本空军公然挑战

抗日战争爆发后，由于中国空军主力已经基本丧失，日本空军非常猖狂。武汉会战前，一架日本飞机飞到南昌上空盘旋，公然降落在尚被我军控制的南昌机场跑道上。日本飞行员走下飞机，对着跑道上的照明灯撒了一泡尿，又从容登机起飞，在空中示威似地盘旋数圈，然后扬长飞走。

谁知才过了几天，又发生了一件更气人的事。一天，日军向武汉的王家墩机场扔下了一个皮筒，皮筒落在飞机跑道上。打开皮筒，里面竟是一份挑战书。挑战书写着21个字："中国空军：你们有胆，约期会战，否则投降。大日本空军。"空军航委会主任周至柔接到挑战书以后，气得发昏，但要约期会战心里却发虚。自从卢沟桥事变以来，3个月的时间里，中国空军平均每天损失3架飞机，主力已损失殆尽。约期会战，如何打法？

苏联空军志愿参战

在中国空军最困难的时候，苏联人民派出了空军志

苏联航空志愿队（上图）
1937年10月22日，苏联阿沙诺夫将军率苏联航空志愿队来华。至1941年底奉命回国为止，苏联航空志愿队击落日机100多架、炸沉日本舰船70余艘，200多名飞行员在中国牺牲。

20世纪30年代武昌扬子江畔（下图）
武昌是辛亥革命的爆发地，濒临长江，作为武汉三镇之一，一派繁荣景象。

131

公元1938年　公 元 1 9 3 8 年 ➤

中国大事记　5月30日，毛泽东的《抗日游击战争的战略问题》在《解放》第四十期发表。1952年4月收入《毛泽东选集》第2卷。

愿队来华参战。1939年5月，轰炸机大队长库里申科少校率领两支远程轰炸机志愿队来到中国，他一边担负空战任务，一边教中国飞行员驾驶技术。有一天，库里申科训练中国飞行员到凌晨两点多钟还没有睡。翻译关切地让库里申科早点睡，库里申科挥着拳头激动地说："我看到日本飞机炸死中国的百姓，心里非常难过。我们要让日本人付出几倍的代价！"

2月23日这一天是苏联的红军节。为了庆祝这个节日，苏联空军志愿队长途奔袭日本设在台湾的空军机场，向机场投掷了两百八十多枚炸弹，炸毁日机12架。

4月29日本天皇生日这天，日本派遣36架歼击机和18架轰炸机袭击武汉。苏联空军古边科少尉击落一架日机后，子弹已经打光。古边科追击一架逃跑的日机，试图逼其迫降，但未达到目的。古边科追足马力，向日机撞去。他凭借自己精湛的技术将日机一侧的机翼撞断，自己安全返回地面，被誉为"空中坦克"。

10月14日下午2点，库里申科率领轰炸机飞临武汉上空，几架日本飞机将库里申科的飞机围在中间。库里申科击落了一架日机，这时，他的发动机中弹。他靠着另一台发动机硬是杀出重围，飞到四川万县上空。因飞机

第一届国民参政会

1938年7月，第一届国民参政会在汉口召开，156名参议员参加了会议，通过了《拥护抗战建国纲领案》等决议案，发表了《国民参政会首次大会宣言》，并选举了张君劢、左舜生、曾琦、董必武、秦邦宪、陈绍禹等25人为驻会委员。

渐渐失去平衡，为了万县地面老百姓的安全，库里申科将飞机迫降于长江。飞机上的领航员、轰炸员和通讯射手游向岸上脱险，库里申科由于体力消耗太大，无力从机舱爬出，被长江的巨浪吞没，将一腔热血洒在中国的土地上。

陈怀民舍身撞敌机

中国空军配合苏联空军，顽强地参加了保卫大武汉的空中战斗。1938年4月29日，中国空军第四大队和苏联空军战斗机大队奉命升空拦截敌机。僚机驾驶员陈怀民驾驶2309号战机刚刚爬升到5000米的高度，便遭到多架敌机的围攻。他以非常敏捷的速度迅速咬住了一架敌机。陈怀民猛按两挺机关枪的按钮，复仇的子弹射得敌机浑身颤抖，一个倒栽葱跌向地面。

陈怀民只顾猛打敌机，不料5架敌机从他身后包抄过来，同时向他开火。陈怀民左避右闪，不幸胸部中弹。这时，他的飞机油箱也开始起火。陈怀民对准下面的一

武汉会战要图

架敌机猛烈撞去。无论是空中的飞行员还是地面的指挥员，大家都被陈怀民勇敢的举动惊呆了。只听两声剧烈的爆炸，两架飞机在空中翻滚，拖着滚滚浓烟像两条火龙坠入长江。

军民挥泪 寻找英雄

这一天，武汉无数市民在城市的不同角落观看了这一场空战。当两架飞机同时爆炸起火的时候，目睹这一幕惊人壮举的高射炮兵阵地全体官兵齐刷刷地跪在阵地上，放声痛哭。许多市民不约而同地仰望天空，跪倒在地。陈怀民的父母也看到了这一幕，但是人们不知道撞机的飞行员姓甚名谁，大家捶胸顿足，高呼："英雄啊，英雄啊！"

武汉的空袭警报尚未解除，武汉军民一路狂奔，纷纷跑到长江边上寻找烈士的遗体。可是，成千上万的人

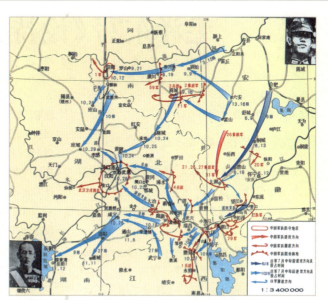

《抗日画报》

参加寻找，就是没有英雄的遗体。直到战斗结束，武汉市民才知道这位英雄是陈怀民。

陈怀民的女友王璐璐从报纸上看到陈怀民殉国的消息后赶到武汉，也参加了打捞工作。1938年5月底的一天，王璐璐突然跳入长江。王璐璐以身殉情的消息传出后，武汉人民唏嘘不已，更增添了一份对英雄的哀悼与思念。

武汉人民决定1938年6月5日在汉口总商会举行公祭。就在公祭仪式即将开始的时候，一个渔民说他发现了陈怀民的遗体，现在已经运送到会场门口。陈怀民遗体全身都是淤泥，胸部洞穿，身上背着降落伞，但降落伞已经被烧掉了，只剩下了降落伞的绳子。

人们根据陈怀民的遗体分析，陈怀民撞机后立即跳伞，而飞机爆炸的火焰烧毁了降落伞，陈怀民从5000米的高空坠入长江，插进了长江的淤泥里。由于江水的冲刷和遗体浮肿，这才浮出水面。蒋介石亲临汉口总商会并担任主祭，武汉两万多人参加了公祭。　＞华强

133

公元 1 9 3 8 年

中国大事记

5月31日，武汉大空战。日军出动战斗机36架，轰炸机18架，被以逸待劳的中苏空军击落12架。

〇四二

毛泽东写《论持久战》

抗日烽火连天，征途漫漫。路在何方？
亡国速胜均属谬论，弯弓射日，须作持久战！

1938年6月，毛泽东发表了《论持久战》。9月，中国共产党向全国军民指出：抗日战争是持久战。中国必胜。

废寝忘食 奋笔疾书

延安的春天，依然寒气逼人。毛泽东在宽敞的窑洞里，读书、学习、找人谈工作，更多的时间则是伏在桌子边批阅电报、文件和写作。这时，为了阐明中国抗战的

写作中的毛泽东
在延安，毛泽东为思考中国抗日战争和新民主主义革命的道路殚精竭虑，废寝忘食，写出了一系列名垂青史的著作。

进程和前途，在调查研究、搜集情况后，他正在写一篇重要论文。

暮色来临，毛泽东已奋笔疾书了几个钟头，当警卫员点燃两支蜡烛分别放在桌子的两头时，他仍全神贯注地写着，以为还是白天呢。到了晚上，应该是毛泽东吃饭的时候了，警卫员把热气腾腾的饭菜端上，要他趁热吃了，然后睡觉。毛泽东微笑地答应着："好！好！"

可是过了好一会儿，警卫员推开门，发现饭菜仍没有动，只是已经不冒热气了，只得把它端回去加热送来。警卫员说："主席，你该吃饭了。天凉，饭菜一会就凉了。"毛泽东这才抬起头，迷茫地说："我还没有吃

公元 1938 年

世界大事记

6月，日本政府发布"物资总动员计划基本原则"。

《毛泽东传》

智慧胆识

毛泽东

人物　关键词　资料来源

饭吗？"毛泽东就这样夜以继日、茶饭不思，连续地写了6天。

棉鞋烧坏茫然不知

第七天深夜，毛泽东继续在桌子边写作。桌边的稿纸堆积了一大摞，他还没有写完呢！警卫员考虑到窑洞寒冷，设法弄了盆炭火搁在毛泽东的脚边。又考虑毛泽东长久坐板凳易乏力伤腰，就到饲养员处找了条当马垫子用的毛巾毯垫在板凳上。

过了一些时间，毛泽东突然叫道："警卫员，你来一下。"警卫员立即推门进去，忽然嗅到一股破布烂棉花的焦味。走近一看，原来是毛泽东全神贯注写作，竟把脚上穿的棉鞋烤着在冒白烟呢。警卫员急忙帮助他脱下棉鞋，扑灭了余焰，可是一双棉鞋烧坏了好几处，棉花都露了馅，再也没法穿了，只好换上单鞋。

毛泽东望着那双着火的棉鞋，哈哈大笑，嘴里还说："怎么搞的？我一点也没有觉得就烧着了。"说完，他又埋头思索刚才写的文章，就像什么事情都没有发生过。

《论持久战》惊世之作

第九天深夜，毛泽东终于写完了全文。连日超负荷写作，他的精神一直处在高度紧张状态，原先宽阔的面颊明显地消瘦下来，但他仍然精神焕发地把警卫员叫来，交给他一卷用报纸卷好的稿子，要他连夜涉过延河，

《论持久战》书影
《论持久战》一经发表即广泛流传。图为河北唐县民众教育馆1938年11月15日出版的《论持久战》石印本书影。

毛泽东与小八路
毛泽东一向关心革命后代的培养。图为毛泽东和两个小八路在一起。

送到清凉山解放社去。

解放社日夜组织排印，两天后就送来了清样。毛泽东拿到清样后，手不释卷，不分昼夜，极其认真地作了反复的修改和订正。

又过了些日子，解放社给毛泽东送来一大包书，每本书上都写着《论持久战》。毛泽东拿到书后即嘱咐警卫员分送给张闻天等人提意见。不久，他又在延安抗日战争研究会上作了《论持久战》的讲演。

通令军官人手一册

《论持久战》很快在海内外传播。国民党主要将领也十分重视《论持久战》所阐述的理念。当周恩来把它介绍给白崇禧时，白崇禧读了深为赞赏，认为这是克敌制胜的法宝，还将此书归纳为两句话"积小胜为大胜，以空间换时间"，并以军事委员会的名义，通令全军将书里的思想作为抗日战争军事战略的指导思想。他又把《论持久战》主要内容向蒋介石作了转述，蒋也十分赞赏，指示将此书大量印刷，发给每个军官人手一册。

1939年在赣州任专员的蒋经国，也获得了一册《论持久战》。他先后阅读了七八遍，书上铅笔画的道道、圈圈密密麻麻，天头和地脚写满了中文和俄文。他对秘书

毛泽东在抗日军政大学作《论持久战》报告

葛洛说："文章对于抗日战争的形势，战争发展的几个阶段，战争形式的运用以及战争过程中可能出现的困难和问题，分析得十分深刻，有很大的预见性和说服力，读了叫人万分信服。"

延安中共中央党校徽章

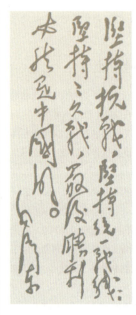

毛泽东题词

1938年7月，毛泽东为《解放》周刊题词："坚持抗战，坚持统一战线，坚持久战，最后胜利必然是中国的。"充分体现了他在《论持久战》中阐述的思想。

抗日战争就是按照《论持久战》指导的正确道路取得胜利的。1965年9月，抗日战争胜利20周年之际，叶剑英写了《重读〈论持久战〉》以记其事：

百万倭奴压海陬，

神州沉陆使人愁。

内行内战资强虏，敌后敌前费方筹。

唱罢凯歌来濯上，集中全力破石头。

一篇持久重新读，眼底吴钩看不休。

〉盛巽昌

〉历史文化百科〈

〔《论持久战》在海外〕

毛泽东的《论持久战》在延安印刷出版后，周恩来托人寄了一本给在香港的宋庆龄，委托宋庆龄将此书翻译成英文。宋庆龄将此事交给了她的好友爱泼斯坦。爱泼斯坦不负宋庆龄所托，很快就将《论持久战》翻译成英文。毛泽东得知此消息后，特意为《论持久战》的英文版撰写了序言。序言说："希望此书能在英语各国间唤起若干的同情，为了中国的利益，也为了世界的利益。"

不久，《论持久战》的英文版在海外发行。英国首相丘吉尔、美国总统罗斯福的办公室书架上都有《论持久战》这本书。斯大林命人将《论持久战》翻译成俄文，也放在自己的案头。

公元1938年

公 元 1938 年

世界大事记

6月13日，法国政府封锁法国与西班牙的边界。

司马长风《大江南线》 曹聚仁《中国新文学史》《田汉文集》

才华 救亡

田汉

人物 关键词 资料来源

○四三

田汉组建救亡演剧队

戏剧作战歌，舞台为战场。
大家持金戈，笔下山河壮！

大时代神来之笔

抗战爆发，国共第二次合作共同抗日期间，田汉是郭沫若负责的军委会政治部三厅第六处处长。田汉的职责是全国文艺宣传，经他和阳翰笙、宋之的等努力，团结、发动了文艺、戏剧界同行，终于在1938年秋在武汉打造了9支抗战演剧队、4支电影放映队和1

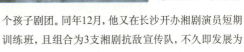

田汉与友人合影（下图）
抗战结束后，当时影剧界著名人士在上海合影：于伶（坐右一）、田汉（坐右二）、欧阳予倩（坐左一）。

个孩子剧团。同年12月，他又在长沙开办湘剧演员短期训练班，且组合为3支湘剧抗敌宣传队，不久即发展为7支。

当各支演剧队雄赳赳，气昂昂分路出发赴各战区演出时，田汉特地撰写了四句诗，分发给各支演剧队，要他们用白幕布书写后，放在演出的戏院门前，招徕观众，以资宣传。这首诗清新、简练，而又有豪情慷慨气：

演员四亿人，
战线一万里。

全球作观众，
看我大史戏。

当时中国四亿五千万民众，以一万

田汉悼聂耳诗刻

昆明西山聂耳墓前的墓碑的侧墙上，用大理石雕刻着一首田汉为悼念聂耳写下的七律："一系金陵五月更，故交零落几吞声。高歌正待惊天地，小别何期隔死生！乡国只今沦巨浸，边疆次第坏长城。英魂应化狂涛返，好与吾民诉不平！"1935年7月17日，人民音乐家聂耳在日本藤泽市游泳时，不幸被汹涌的海浪吞没。噩耗传来，全国人民都为之悲痛和哀悼。田汉在狱中得到噩耗，悲痛万分，写下了这首诗。

137

里战线同仇敌忾，向全世界展示出我神圣之抗战，真正是大时代的神来之笔。

搞会演如火如荼

田汉平易近人，熟悉剧务，又很有组织能力。他在保卫武汉时期，策划开设了"留汉歌剧演员战时讲习班"，自任教育长。他与武汉三镇的各种剧种，如楚剧、汉剧、评剧、平剧（京剧）和杂耍等各种行当民间艺人打得火热，亲如一家，向他们灌输抗日救亡理念，然后创作新的剧目。到了长沙以后，他又开创了"旧剧演员讲习班"。

在桂林文化城期间，田汉更创办了抗战以来规模最大的戏剧会演，即"西南五省戏剧展览会"。在长达2个月的会演期间，竟有九十多个来自大后方的剧团，分别演出话剧、平剧、桂剧、木偶戏等等。会演期间展出了许多戏剧史料，还组织研讨了有关开展戏剧运动的种种事宜。

避空袭笔耕不辍

田汉本是写戏剧的能手。他以抗

抗敌演剧队的街头演出

这是一幅抗敌演剧队的街头演出照，始载于1944年3月的《美国国家地理》杂志。抗敌演剧队的演出展现了华东沦陷后人民逃亡西北的惨景。

日救亡为主题，改编了不少传统剧种的戏剧，又参照史事，古为今用创作了很多剧本，其中有《新雁门关》、《新天下第一桥》、《新铁公鸡》、《新玉堂春》、《新儿女英雄传》、《秋声赋》、《江汉渔歌》、《岳飞》等十余部。

在这些作品里，平剧《江汉渔歌》颇见创意，多为时人称道。1939年4月中旬，田汉由长沙到桂林。在桂林，他观看了《渔父救国》后，大受启示，于是联系所读《汉阳志》记载，写成新平剧《江汉渔歌》。

《江汉渔歌》创作时的环境极为艰苦。有次在写作时，忽然警报响起，日机前来轰炸，田汉和剧团成员奔到附近七星岩躲避。他在岩洞里构思，继续写作，以至忘了警报解除。直到别人发现归来的人群里缺少了田汉，返身找到他，田汉才恍然大悟。《江汉渔歌》虽采取平剧形式，但为适应大众潮流，恰到好处地加入了不少时代新歌曲，其中有段插曲极具象征性：

渔娘含笑劝渔郎，
烟波江上练刀枪。
练好刀枪作什么用？
一朝有事保家乡，
保家乡！　〉盛巽昌

剧作家田汉雕像

《中国抗日战争年度焦点（1937—1939）醒狮怒吼》
李永铭《1938：武汉大会战》
胡锦昌
薛岳 张灵甫
谋略 英勇

人物 关键词 资料来源

○四四

"山不在高，歼敌则名"。1938年10月，中国军队在抗日名将薛岳的指挥下，巧设"口袋阵"，在江西德安万家岭一带，歼灭日军第106师团一万余人。

万家岭布天网

巍巍峻岭，铸就倭寇坟墓。引敌入瓮，张古山天降奇兵。白骨累累，顽敌丧胆。血战奏凯，张灵甫一战成名。

薛岳巧设"口袋阵"

在国民党军中，薛岳是个传奇将军。他出生在广东乐昌，原名薛仰岳。成年后，有感于时事日非，改单名岳，以岳飞自况。

薛岳11岁考入广东黄埔陆军小学，14岁加入同盟会，北伐时任第1军第1师师长。抗战爆发后，薛岳向蒋介石再三请缨杀敌，被委以重任。他先后指挥部队打过好几次漂亮仗，被舆论界称为军中"虎将"之一。

此时，薛岳已是第9战区第1兵团总司令，统一指挥赣北方面的作战。他带着参谋班子反复察看地形，当发现庐山以南，崇山峻岭，山连着山，树木茂盛，便设想在此搞个八卦阵，将敌

薛岳将军
薛岳（1896—1998），字伯陵，广东韶关人。抗日名将。抗日战争中转战南北，屡立战功。在万家岭战役中，薛岳凭借险峻地形布下天罗地网，痛歼日军106师团一万余人。

人引到这里来打。

作战会议上，薛岳指着沙盘对几位军长说："你们看到没有，庐山下面的小山头我们可以布口袋阵，入袋捕鼠。敌犯右则中左应，敌犯左则中右应，我则可退可进。敌进迷魂阵，叫他有进无出。"

薛岳将作战方案上报军委会和第9战区，得到了蒋介石的首肯。蒋介石督促陈诚协助薛岳打好这一仗，并交代说："这一仗至关重要，薛岳要什么，你必

万家岭战斗中的中国士兵

中国军队进行防毒气演练

须满足他什么。"

光膀子与湿毛巾

1938年9月20日，第1兵团主力进驻万家岭。战斗在月底终于打响，万家岭一带炮声隆隆，硝烟不断。

肉搏战开始了，大家都光着膀子，一见穿军服的日本兵就砍。夜里有时看不清楚，一旦摸到有袖子的，大刀也会向他头上砍去。

日军施放毒气，掩护进攻。守军只有军官才有防毒面具，一般战士只能用湿毛巾捂住鼻子和嘴。如果没有水，只能用尿来代替。

万家岭战役中，日军多次施放毒气，造成守军伤亡惨重。薛岳总结教训，组织搜集防毒面具，或者让士兵用毛巾沾水包在头上，仅露出双眼继续作战。

钻进口袋的"恶鼠"

10月2日，日军第106师团主力进入万家岭地区。身在九江的冈村宁次通过飞机侦察，发现情况不妙，薛岳给他的第106师团布下了一个口袋。冈村宁次急了，

万家岭大捷纪念大会

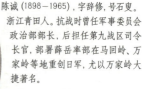

第九战区司令长官陈诚

陈诚（1898—1965），字辞修，号石叟。浙江青田人。抗战时曾任军事委员会政治部部长，后担任第九战区司令长官，部署薛岳率部在马回岭、万家岭等地重创日军，尤以万家岭大捷著名。

赶紧发电报给第106师团团长松浦淳六郎，叫他尽快撤出万家岭，向北转移，与第27师团会合。

松浦淳六郎接到电报，也吓出一身冷汗，于是立即带着部队撤离。可是万家岭一带方圆十几里，全是参天大树，遮天蔽日，只要进了林子就见不到太阳，也无法辨别方向。第106师团进了类似八卦阵的大树林里。这里有磁矿，指南针失灵。松浦淳六郎急得双眼充血，不知向哪里逃跑。就在第106师团马盲人瞎、到处乱转时，薛岳调来的10万大军，早已形成密密的包围圈。

10月5日，被困在万家岭的第106师团快要弹尽粮绝了，日军飞机开始空投给养和兵员。中国军队将计就计，便用白布做成膏药旗，结果给养都投到了中国军队的阵地。

第106师团的困境震惊了日本朝野，冈村宁次又派出

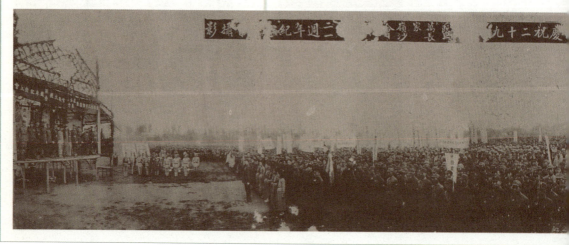

6月19日，意大利以四比二击败匈牙利，夺得第三届世界杯足球赛冠军。

薛岳题写的"七七"纪念碑铭，湖南衡阳南岳区衡山忠烈祠

3支部队前来援救，可是这3支部队还未到万家岭，便被中国阻击部队击溃。

奇兵天降张古山

退守中，日军占据了长岭北端和张古山最高点，并且筑起坚固工事，企图凭险而守。第51师师长王耀武认为虽然攻山难度很大，但却是整个战役的关键，所以发起了数次强攻，可是效果不理想。时任第305团团长的张灵甫提议出奇兵，从日军疏于防范的后山绝壁攀援突袭。

得到王耀武同意后，张灵甫带领精兵轻装前进。在正面部队佯攻的掩护下，官兵们沿陡峰攀藤附葛冲了上来。经过白刃格斗，占领了张古山主阵地。日军知道，要想突围出去，必须占有张古山制高点，于是拼力反扑。张灵甫率部死战，他腿部负伤，仍不下火线。经几昼夜的反复争夺，终于保住阵地。

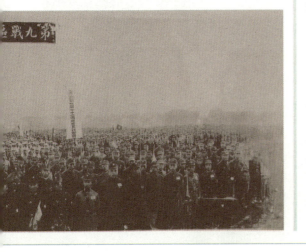

第六战区劳军大会

激战至9日，在中国军队的打击下，日军损失惨重，不少军官被击毙，特别是日军中下级军官伤亡过半。日本华中派遣军司令官烟俊六大将亲自组织向万家岭地区空投了二百多名联队长以下军官，以加强力量，此举在整个抗战中绝无仅有。最后，第106师团仅剩不足千人的残兵，退守在雷鸣谷处不到5平方公里的地区内固守待援。

战功永垂青史

战斗中，第1兵团第4军前卫突击队曾突至万家岭第106师团司令部附近不过百米，因天色太黑，加之自身也伤亡重大，未能及时发现松浦中将。

据战役结束后一名日俘供认："你们几次攻至师团部附近，司令部勤务人员，都全部出动参加战斗，师团长手中也持枪了。如果你们坚决前进100米，师团长就被俘或者切腹了。"松浦淳六郎后来被铃木旅团救走。未能生擒松浦淳六郎，成为此次战役中最大的遗憾。万家岭战斗，是武汉会战中赣北地区主要作战歼敌最多的一役。

一代名将叶挺将军评价说："万家岭大捷，挽洪都于垂危，作江汉之保障，并与平型关、台儿庄鼎足而三，盛名当垂不朽。"　〉廖大伟

〇四五

不沉的中山舰
一代名舰，血战到底。
英烈沉江，伟节不死！

武汉保卫战打响后，国民党海军总司令部命令中山舰由岳阳驶往武汉，配合武汉保卫战，担任封锁长江航道的任务。

与敌机开展恶战

中山舰驶入武汉后，立即在长江金口水域进行布防。1938年10月24日上午9点钟，空中出现一架日机，在中山舰上空盘旋。舰长萨师俊下令后望台炮开火，日机仓皇逃走。富有战斗经验的萨师俊对全舰官兵说："弟兄们，这是大战前的序幕，各位弟兄立即做好战斗准备！"中山舰全体官兵各就各位。

中山舰是一艘陈旧的军舰，服役已达25年，军舰上的炮火本来就比较弱。抗战初期，中国海军经历了江阴防守战、上海保卫战等战役，付出了巨大的牺牲，主力舰艇大部丧失。国民党为加强长江防御，下令将剩余军舰上的大口径火炮拆下来，补充长江要塞。中山舰的主炮和副炮均被拆卸一空，此时仅剩高射炮和小口径火炮。

果然不出萨师俊所料，11点左右，9架日本轰炸机编队飞临中山舰上空盘旋，但未投弹。下午3点，海军总司令部命令中山舰等离开金口防区返航。这时，6架日军轰炸机飞临上空，轮番对中山舰、

中山舰舰长萨师俊

楚同舰、楚谦舰、勇胜舰等实施攻击。中山舰所有的炮火发出怒吼，3架日机先后被击中，迫使日军飞机不敢低飞。

双方正在酣战，不料中山舰炮首的高射炮因年久失修突然卡壳，火力顿时减弱下来。日机趁机再次低飞攻击，一颗颗炮弹在中山舰前后左右炸响。中山舰舵舱、船舱、锅炉舱、指挥台先后爆炸

名舰中山舰

中山舰是中国海军史上最著名的军舰之一，原名"永丰"舰，是清朝海军大臣载洵和北洋海军提督萨镇冰在日本三菱工厂订造的。"永丰"舰自护国运动中举义后，历经护法运动、孙中山广州蒙难，为纪念孙中山先生更名为"中山"舰。1938年10月24日，在抗日战争保卫武汉的作战中，"中山"舰官兵与日寇血战到底，终被击沉，舰长萨师俊等官兵二十余人殉国。

世界大事记

7月3日，土耳其与法国达成协议，就亚历山大勒塔地位问题举行选举。

张壮年 张颖震
《中国历史
秘闻轶事》

英勇 悲壮

萨师俊

人物　关键词　资料来源

起火，后舱机关炮被炸毁，多处负伤。舱内进水深达4尺，军舰倾斜50度，高射炮已经无法瞄准，中山舰基本丧失了作战能力。

誓与军舰共存亡

激战中，一颗炮弹在舰长萨师俊身边爆炸，萨师俊双腿被弹片击断，血流如注。萨师俊脸色煞白，仍然坚守在指挥岗位上。趁着敌机爬高，准备下一轮轰炸的间隙，副舰长命令放下1号和3号舢板，要用舢板将萨师俊和伤员送到岸上。萨师俊怒目以对，对大家说："弟兄们，我是舰长，我要与军舰共存亡。中山舰是国父广州蒙难时的座舰，我是三民主义信徒，绝不能弃舰偷生。你们切不可陷我于不义。我命令，敌机再来袭击时，各位用手提机关枪和步枪对空射击！"

萨师俊命令负伤的伤员全部上舢板离舰，可是伤员们见舰长不走，谁也不愿意离舰。萨师俊急了，对伤员们说："没有死难，不足见大汉民族之忠义；没有生还者，何以杀倭寇争胜利？你们要为国报仇，为中山舰报仇，为我报仇，不必一

抗战期间出版的《海军战史》

用中山舰炮弹制作的纪念品

起赴死！"一个水手说："舰长，敌机围着你转，是因为你的舰长服太明显，给你换一套水手服吧！"萨师俊摇摇头，说："今日一战，我必死无疑。军服是国家名器之象征，决不可易。古人死时尚正衣冠，我是堂堂的革命军人，为国捐躯，岂能服装不整？"

这时，日机开始了新一轮攻击，一颗颗炮弹果然瞄准着萨师俊投放，萨师俊与众水手以机枪、步枪乃至手枪对空射击。由于中山舰丧失了防空炮火的自卫能力，敌机极为嚣张。日本飞行员超低空飞行，水手们可以清楚地看到那一张张气焰嚣张的丑恶嘴脸。中山舰在日机炮火的猛烈轰炸下再遭重创，萨师俊左臂又中一弹，伤员也更多了。下午4点，中山舰多处进水，开始徐徐下沉。水手们强行将萨师俊及伤员抬到舢板上，含泪离开中山舰。

疯狂的日机违背国际法，丧心病狂地向满载伤员的舢板扫射轰炸，3号舢板被击中，萨师俊颈部中弹，当场

中山舰博物馆

2009年4月11日，武汉中山舰博物馆正式对外开放。1997年1月28日，中山舰被打捞出水，经过长达12年的修复和场馆建设后，一代名舰终于重见天日。

中国大事记

7月上旬，滇缅公路建成通车，畹町至昆明全长959公里。

遇难。伤员和水手们继续对空射击，直到江水淹没了他们的英魂。4点30分，中山舰沉没于金口北岸大军山前的江面上。

中山舰在75分钟的战斗里，发炮二百余枚，发射机枪子弹一千余发，击伤敌机3架，阵亡25人，受伤23人。由于中山舰与敌机勇敢战斗，吸引了敌机大部分火力，楚谦舰、勇胜舰等突出重围返航，楚同舰在返航途中中炮受伤。

中山舰重见天日

中山舰沉没后，人们一直关注着它的命运。1994年，有关部门在金口北岸大军山前的江底打捞到一块中山舰的铜牌，初步确定了中山舰沉没的具体位置。1997

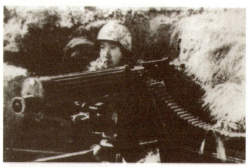

马当要塞士兵正严阵以待

除江阴要塞外，马当要塞也是武汉会战中抗击日寇的重要战场。图为马当要塞士兵正严阵以待。

年1月28日上午10点，在水下沉睡了59年的中山舰整体打捞出水。

1998年10月24日是中山舰蒙难60周年祭日。那一天，武汉有关部门举行了隆重的纪念活动。当年中山舰的一个勤务兵一踏上中山舰甲板，便双膝跪倒，他悲怆地对天仰叫："萨舰长，我来看你了，你听到了吗？"中山舰承载了孙中山的丰功伟绩，记录了国共两党的合作，显示了中国军人抗日御侮的革命精神。

中山舰永远不沉。 》华强

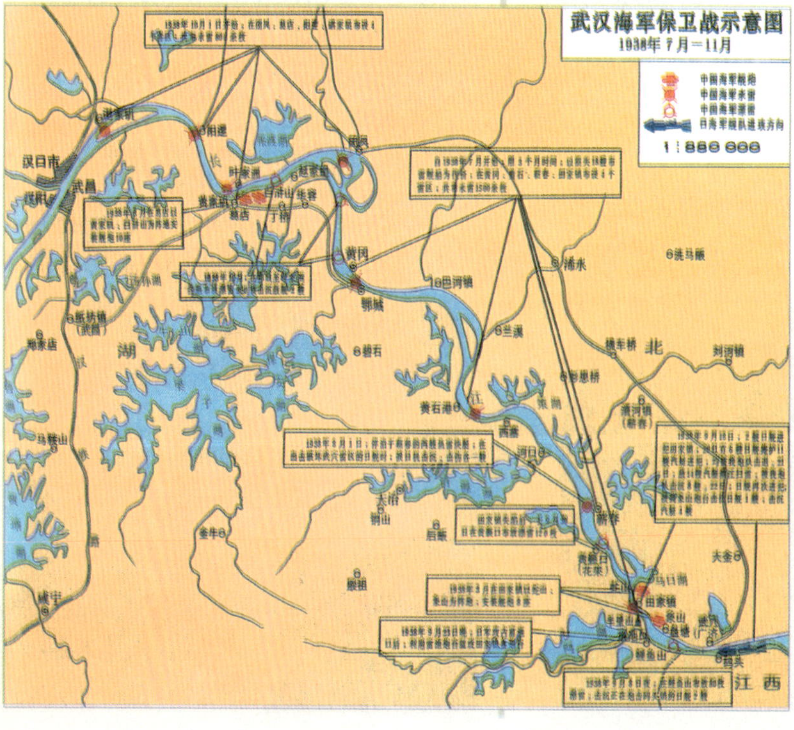

武汉海军保卫战示意图

世界大事记

7月23日，北欧国家与比、荷、卢等国缔结《哥本哈根宣言》。

《陈嘉庚回忆录》陈天绶
蔡春龙《陈嘉庚之路》　　资料来源

爱国　救亡　关键词

陈嘉庚　　人物

〇四六

陈嘉庚与滇缅公路

海外赤子，丹心报国。滇缅公路修成，遂为中国西南生命线。

"有钱出钱，有力出力"

1938年10月10日，南洋华侨筹赈祖国难民总会成立，陈嘉庚当选为主席，成为东南亚华侨抗日救国的领袖。在他的带领下，南洋华侨空前大团结，真正做到了"有钱出钱，有力出力"，"国家兴亡，匹夫有责"，"工农兵学商，一起来救亡"。

滇缅公路通车之际，极其缺少汽车驾驶员和修理员，时任西南运输处长的宋子良电告陈嘉庚，请他代为招募机工回国服务。陈嘉庚认为，这是在人力方面支援祖国抗战的大事，表示全力支持。

1939年2月7日，南侨总会发出了《征募汽车修理、驾机人员回国服务》的通告，号召华侨中的年轻司机和技工回国，与祖国同胞并肩抗战。年过花甲的

华侨领袖陈嘉庚

陈嘉庚（1874－1961），又名甲庚，字科次，华侨企业家，福建同安县集美社（现厦门市集美镇）人。马来西亚及新加坡地区著名华人企业家，华侨领袖，爱国人士。抗战期间，他大力发动南洋华侨支援抗战，维护滇缅公路，为抗战胜利作出了重大贡献。

陈嘉庚，不辞劳苦，亲临各地游说。

在陈嘉庚和各地筹赈会积极努力下，很快招聘到三千二百多人，分9批从香港、新加坡、槟城回国。他们放弃了稳定优裕的生活，毅然奔赴战火纷飞的祖国。有的机工是瞒着全家改了名字秘密应聘的，有的尚未成婚，告别未婚妻回国的，有的未满18岁，虚报了年龄。新加坡的李月美，女扮男装，和胞弟一起，踏上了归国之路。与此同时，陈嘉庚捐赠的汽车，也分批由仰光装配后，开上了滇缅公路。

派员考察滇缅公路

滇缅公路是当时大后方唯一的国际运输通道，大量的物资要通过它急运到国内。这条抗战生命线，从缅甸腊戌到昆明，全长1146公里，途中要翻越两座大山，穿过三条大河，地势险恶，崎岖难行，一趟要行驶七八天，途经十多个城镇。汽车行驶在深山老林里，经常遭遇野兽、毒蚊的袭击。遭遇敌机轰炸，也是常有的事。

华侨机工大多在滇缅公路上服务，待遇低，生活条件恶劣。陈嘉庚听说后，寝食不安，十分挂念。为了改善滇缅公路华侨机工的状况，他派出南侨总会的刘牡丹，

延安各界欢迎陈嘉庚

携带增设七个停车站的援助计划回国视察。

在为刘牡丹和回国机工举行的饯行会上，陈嘉庚除表示对即将奔赴国难的南侨机工寄予厚望外，还对刘牡丹回国考察滇缅公路的任务作了详尽的说明，要求务必留意考察，以求尽善，对所设站点要绘图两份，一份寄南侨总会，一份带往昆明，与当局磋商解决。

刘牡丹回来后，陈嘉庚又决定向每位华侨机工赠送蚊帐、毛毯等9件物品，并于1939年底备齐后送到了昆明。

亲自上路视察

1940年3月，67岁的陈嘉庚组织南洋华侨回国慰劳视察团，并亲自率团到重庆、延安等地视察慰问。

其间，陈嘉庚得知，英国要禁止滇缅公路通行3个月，这使他非常焦虑，急忙到外交部询问。听说对抗战影响不大，心才稍宽，但依然担心物资不能支撑许久。为了安慰南洋华侨，陈嘉庚特地呼吁侨胞，要保持冷静，不可妄生事端，方是真心爱国。慰劳团任务结束后，陈嘉庚表示，此次回国，千里西南，势在必行。

在滇缅公路上，陈嘉庚不顾日机的轰炸，沿途亲自

滇缅公路——中国的后门
滇缅公路的工人们用棍棒当武器与山崩作战的艰苦情景。

修建滇缅公路的中国工人（上图）
繁忙的滇缅公路（下图）

下车察看，对哪段公路拐弯太急需修整，哪段路面不平需要平整，哪段路面狭窄需要拓宽，哪处行车有危险需要插上路标等，都一一提出具体意见。他与同行工程师商定，并由随行人员记录在案。滇缅公路考察结束后，陈嘉庚便将修路方案报主管单位西南运输处，并决定修路和建站所需费用全部由南侨总会筹赈汇寄。

在视察路上，各处机关单位都要设宴招待，陈嘉庚对此很是反感，极力推辞，说："抗战困难时期，能省一分便是一分，不要徒多浪费在不必要的应酬上。"

〉廖大伟

世界大事记

7月29日至8月4日，日苏两国军队在中国吉林珲春县境的张鼓峰发生冲突，以日军遭惨重损失，双方停战告终。

李杰《中华英雄故事》

坚贞 壮烈
冷云

人物　关键词　资料来源

〇四七

八女投江

东北苍茫林莽，走出巾帼英烈。乌斯浑河波涛滚滚，烈士壮举浩气长存。

1938年6月，中共吉东省委和抗联第二路军总指挥部为了与第一路军会合，命令所属四军、五军远征五常地区。日伪军侦悉抗联的行动后，随即调集部队对抗联进行围追堵剿。抗联为了缩小目标，下令分散行动。

乌斯浑河遇阻

第二路军所属五军妇女团成立于西征之初，原有三十多人。当她们来到牡丹江的时候，只剩下了8个人。这8个人是：指导员冷云、班长杨贵珍、胡秀芝，抗联四军被服厂厂长安顺福（朝鲜族）、战士郭桂琴、李凤善（朝鲜族）、王惠民和黄桂清。8个人当中，年龄最大的23岁，最小的战士王惠民才13岁。西征失败后，抗联五军第一师师长关书范率领一百余名战士进入老爷岭原始林区，踏上返回依东密营的道路。由于路途艰辛，缺乏给养，走出原始林区时，部队仅剩三十多人。妇女团剩余的8位女战士就在其中，正是她们在路上英勇坚强的表现，激励了男战友们，使这支小部队始终没有溃散。

10月中旬的一天夜里，抗联战士们冒着倾盆大雨来到了牡丹江的支流乌斯浑河边。到了江边，大家都傻了眼。原来平静温顺的乌斯浑河清澈见底，人马可以徒步而过，而现在由于暴雨，江水猛涨，原来的渡口已经被淹没。乌斯浑河浊浪滚滚，咆哮着、鸣咽着，令人生畏。

游击队员自制的墨水瓶（上图）
冷云烈士（左图）
冷云，原名郑志民。西征前调入五军妇女团任指导员。1938年10月在乌斯浑河战斗中率领其余7位女战士掩护主力突围，后集体投江殉国。
国画《八女投江》（下图）
国画巨作《八女投江》，作者王盛烈，创作于1957年，高145厘米，宽392厘米，纸本设色。1989年，作者在原画上补写了题款。

147

东北抗联战士

暴露目标

冷云奉命寻找船只，却遍寻不见。考虑到晚上渡江有危险，师长关书范命令大家就地休息，准备第二天渡江。于是部队在乌斯浑河畔的柞木冈山下宿营。东北的10月，夜晚非常寒冷。按照抗联的规定，部队宿营一律不准出现明火。关书范见天气实在太冷，大家的衣服又非常单薄，破例命大家点上篝火取暖。谁知这篝火一点，暴露了抗联的目标。一个叫葛海禄的汉奸发现目标后，立即密报日军守备队。日军守备队队长桥本纠集1000余人将抗联的宿营地包围，而抗联战士却一点没有察觉。

天快亮的时候，抗联准备强行渡河。关书范命令秘书处长金石峰率8名女战士首先渡河。金石峰下水试探，发现河水已经超过一个人的深度。金石峰半游半趟地到达了河对岸，为8名女战士做了一个示范。当金石峰招呼8名女战士渡河的时候，突然枪声大作，日军守备队开始向抗联发起进攻。

宁死不当俘虏

师长关书范一看，地形对我十分不利。前面是滔滔的乌斯浑河，三面都是敌人，他下令部队一边打一边撤退到距河边不远的的一片树林里。这时，准备渡河的8名女战士一下子暴露在日军的视野下。

对8名女战士来说，形势非常险恶：前面是江水，后面是敌人，而江边距树林有一段很长的开阔地。敌人火力密集，强行向大部队靠拢，必遭重大伤亡。指导员冷云一看，师长关书范和远征队尚未完全撤退到树林里，于是下令："姐妹们，大家向敌人开火，吸引敌人的火力，掩护远征队撤退！"日军守备队受到8名女战士的攻击，立即调集兵力扑向乌斯浑河畔。

关书范见敌人火力转移向冷云，命团长曲成山率数人迎救冷云等8名女战士，但遭到敌人火力的压制，牺牲了几个同志。这一幕，冷云看得清清楚楚。8名女战士这时已经没有了子弹，手中仅剩3颗手榴弹。冷云对

八女投江纪念碑

世界大事记

7月31日，希腊、土耳其、南斯拉夫、罗马尼亚、保加利亚订立《萨洛尼卡公约》。

着远处的树林大声喊："同志们，不要管我们，快冲出去吧！"随即她果断地命令："同志们，我们是抗联战士，宁死不当俘虏，跳江！"

冷云率先跳入冰冷的江中。8名女战士，除班长胡秀芝外，一个接一个跳入江中。冷云这样做，一来继续吸引敌人火力，二来不让远征队为她们担忧。"胡秀芝，跳！"冷云命令。胡秀芝说："指导员，我来掩护你们，你们快走吧！"冷云说："不行，要活一起活，要死一起死。胡秀芝，跳！"胡秀芝也跳入江中。

桥本发现8名女战士已经没有子弹，放心大胆地向乌斯浑河边逼近，想活捉她们。冷云和她的战友一边渡江，一边向追击的敌人扔出了手中最后的手榴弹。遭到迎头痛击的桥本发现已经不可能活捉她们，于是下令开火。密集的子弹像狂蜂在她们周围飞舞，一颗子弹射中了王惠民，王惠民手捂胸口倒在水中。冷云见状，连忙将王惠民抱住。一颗子弹射中了冷云的手腕。安顺福赶紧抱住王惠民，胡秀芝架着冷云。8名女战士相互搀扶着向江心走去，咆哮的江水渐渐没过了她们的膝盖，没过了她们的腰。8名女战士一会儿跌倒，一会儿又立起来。

追到河边的桥本让汉奸对她们喊话："你们快回来，皇军不杀你们！金票大大的有！"8名女战士对桥本报以嘲笑和

淮剧《八女投江》宣传画

1995年，为纪念抗日战争胜利50周年，上海淮剧团排演了新编历史淮剧《八女投江》。2005年，为纪念抗日战争胜利60周年，《八女投江》重新排演，饰演8位抗联女战士的都是10年前的原班人马。为剧名题字的是邓颖超。

辱骂，桥本命令开枪。一串串更加猛烈的子弹射向8名女战士，一缕缕鲜血染红了咆哮的江面。这时，一颗迫击炮弹击中了她们，掀起了巨大的水柱。水柱过后，8名女战士再也不见了踪影。8名宁死不屈的女战士在乌斯浑河的江水中获得了永生。 〉**华强**

牡丹江八女投江纪念碑

〇四八

僧侣游击队

上 马 杀 贼 ， 下 马 学 佛 。 佛 家 弟 子 ， 投 身 抗 日 洪 流 。

南岳衡山有很多寺庙，面对日本侵略者的血腥屠刀，僧人们奋起抗战。

让出殿堂办训练班

1938年11月25日，蒋介石在南岳衡山召开军事会议，史称第一次南岳军事会议。会上提出"二期抗战，游击战重于正规战"。蒋介石同意了周恩来代表中共提出的国共合作训练游击干部的建议，决定由国共两党于第二年春天在南岳开办游击干部训练班。

南岳寺院和道观知道要在山上开办训练班，纷纷主动让出部分殿堂，使训练班顺利地开办了3期，培训了国民党战区校级高级军官和参军的青年学生三千余人。

南岳游击训练班工作人员合影

鉴于游击战在抗战中的重要作用，第一次南岳军事会议决定成立南岳游击训练班。图为参加训练班的全体工作人员合影。

"上马杀贼，下马学佛"

1939年4月，福严寺住持巨赞和尚联络了上封寺知客僧演文法师等5人，密商在山上各寺院中发起组织抗日团体，取名为"佛僧青年救亡团"，并由巨赞起草了宣言和简章。

当时，身兼国民政府军委会政治部副部长的周恩来，也在南岳训练班讲授国际问题课程。祝圣寺僧人暮笳慕名拜见了他。他们交谈甚欢，当暮笳拿出自己的纪念册请周恩来题字时，周恩来欣然写了"上马杀贼，下马学佛"8个字。

暮笳返回后，经过商议，为了让更多的僧人参与抗日救国，他们将"佛僧青年救亡团"更名为"南岳佛教救国协会"。

有一天，暮笳在祝圣寺遇到八路军参谋长叶剑英，

世界大事记

9月29日至30日，英、法、德、意慕尼黑会议，张伯伦、达拉第、希特勒、墨索里尼签署有关捷克斯洛伐克问题的《慕尼黑协定》。

《镰刀锤子话风云》

《南岳志》

暮笳 叶剑英

正义 智慧

人物　关键词　资料来源

叶剑英当时又是训练班的副教育长。暮笳对叶剑英说："将军，我们已联络了三百多名僧尼，正在筹建'南岳佛教救国协会'，请将军指导。"

叶剑英询问了筹建现状，说："南岳衡山上，佛教弟子很多，还有一部分道教弟子，为了更广泛地团结僧人、尼姑、道士共同抗日，我建议，你们的协会最好能改两个字。"暮笳问："改哪两个字？"叶剑英说："改一个'教'字，一个'国'字。这样，既符合教义，又将道教包括进去，团结的人就更广泛了。"暮笳听了，十分赞同。

经过南岳各寺庙商议，终于在同年5月7日建立了南岳佛道救难协会。成立会上，叶剑英应邀作了题为"普渡众生，要向艰难的现实敲门"的演说，希望佛道门弟子到一切有群众的地方去普渡众生，用实际行动将日本帝国主义赶出中国。在演说结束时，叶剑英还说了一句与佛理相合的高尔基的名言："站在革命火焰面前，要自己首先跳进去，才能显现出伟大灵魂的光辉。"

不久，由巨赞、演文和暮笳等组织70多名僧尼，分赴长沙、湘潭和衡阳等地，开展抗日救亡宣传和参加军营活动。

用鬼子的枪打鬼子

南岳僧人和湖南其他山寺僧人还组织了抗日游

湖南衡山忠烈祠

叶剑英将军手迹

这是叶剑英将军1939年在南岳衡山写给友人的诗句手迹，即著名的《登祝融峰》："四顾渺无际，天风吹我衣。听涛起雄心，誓荡扶桑儿。"诗句表现了将军对抗日战争必胜的信念。

击队。

1944年5月，穷途末路的日军孤注一掷，纠集40万大军先后攻陷湖南长沙、衡阳等30余座城镇，烧杀掳掠，犹如地狱放出的一群魔鬼。南岳僧人和湘潭等地僧人一样，分别拉起了抗日队伍，他们后来被人们誉为"僧侣游击队"。

开始，他们既没有传统的梭标大刀，更没有现代战争常用的热兵器，只好削来青竹，用竹尖子做武器。僧人很有智慧，在游击队成立的第三天，他们穿着灰暗色僧衣主动下山，假装帮助日军挑担、装车。乘日军误以为是方外之人放松警戒之时，他们夺得机枪1挺、步枪7支，杀死日军7名，接着又在潭衡公路沿线袭击日军车辆，夺下军用物资。用游击队领导人碧野法师的话说："我们是用日本鬼子的枪弹，打日本鬼子。"

僧侣游击队很快扩充到拥有一百二十余人的抗日武装。当时剧作家田汉听到家乡有那么一支队伍时，赋诗一首道：

锦衣不着着缁衣，敢向人间惹是非；

独惜潇湘春又暮，佛前伽坐意忘归。

〉盛巽昌

151

公元1938年

〇四九

汪精卫卖身投敌

利欲熏心，民国首脑变身汉奸头目。
助纣为虐，生前身后难消千古骂名。

1938年10月，广州、武汉相继沦陷。抗日战争进入相持阶段。日本确立了对国民党采取政治诱降为主，军事打击为辅的方针，计划在中国建立一个伪政权。日本人注意到汪精卫曾多次发表关于"议和"的谈话，于是将汪列为诱降目标。

金蝉脱壳

汪精卫当时担任国民党副总裁、国防最高委员会副主席和国民参议会议长等重要职务。在日本人的诱惑下，汪精卫派代表在上海东体育会路重光堂与日本代表秘密谈判，双方约定汪精卫找一个借口尽快离开重庆。

1938年12月16日，汪精卫将金银细软装了两辆卡车，派亲信押送由重庆经云南运抵越南河内。两天后，汪精卫以到昆明视察为由乘飞机离开重庆。蒋介石对汪精卫早就防了一手，特命空军司令周至柔亲自护送。飞机起飞一刻钟以后，周至柔以汇报表演为由，请求亲自为汪精卫驾驶飞机。这一不寻常的举动使做贼心虚的汪精

卫感觉到他的行动可能已为蒋所知，当即悄悄写纸条传递部下，命令：如果周至柔转变航向，立刻将其击毙。结果什么事也没有发生，飞机安全抵达昆明。

当天晚上，汪精卫在晚宴上将周至柔灌醉，趁机窃取了蒋介石给周至柔的手谕："你跟踪汪先生去昆明，负责监视汪和龙云。如龙云支持汪去东京或河内，将两人扣压在航校。"汪精卫将计就计，即以周至柔名义致电蒋介石："汪上午至昆，下午演讲，一切正常，并无异动。"

19日上午，汪精卫在昆明慷慨激昂地作了《国家兴亡，匹夫有责》演讲，上半场结束后，说下午继续演讲。下午3点20分，汪精卫携陈璧君、周佛海等乘欧亚航空公司的包机直飞河内，走上了叛国道路。汪精卫飞机起飞一个小时后，周至柔、龙云联名致电蒋介石，称原定下午3点钟继续听汪精卫演讲，但等到4点也未见

汉奸头子汪精卫（上图）
汪精卫（1883—1944），名兆铭，字季新，浙江山阴（今绍兴）人，中国近代政治家。抗战初任国民党国防最高会议副主席、国民党副总裁等职。1938年公开投日叛国，沦为卖国贼。

汪精卫宣誓就职（下图）
1940年3月，南京伪国民政府成立。图为汪精卫宣誓就职。

汪精卫讲话
在日本政府的诱降下，以国民党副总裁汪精卫（左）为首的亲日派于1938年底公开投降日本，并于1940年3月在南京成立了伪国民政府。

汪精卫与西尾寿造

汪精卫与侵华日军总司令西尾寿造亲切交谈，态度极为恭顺。1939年9月20日，日本大本营命令设立"支那派遣军"总司令部，西尾寿造大将任总司令，也成为汪伪政权的太上皇。

汪，发现汪已逃离云云。

特务错杀了对象

12月29日，汪精卫在河内发表致国民党中央的"艳电"，劝告蒋介石"与日本政府交换诚意"。蒋介石对汪精卫在日本的扶持下建立伪政权十分害怕，于是先后派外交部长等高级官员到河内劝告汪精卫，希望他改弦易辙，或立即飞回重庆，或到欧美考察后再回重庆，汪精卫一一拒绝。恼羞成怒的蒋介石决定立即刺杀汪精卫。

1939年1月1日，国民党中央宣布：永远开除汪精卫的党籍并撤销其一切职务。与此同时，一支暗杀队悄悄抵达河内。暗杀队在河内迅速摸清了汪精卫的住地，以重金租下了与汪宅斜对面的一栋房子，又购买了一辆跟踪

鸡鸣寺宁远楼

南京鸡鸣寺原为国民政府考试院所在地。1940年起，汪伪国民政府就设在此处。宁远楼为办公大楼。

汪精卫"艳电"原文

汪精卫的汽车，试图在路上将他打死。暗杀队曾经两次有机会在半路下手，但都因为突然发生意外而作罢。

蒋介石催促尽快动手，暗杀队决定3月21日晚翻墙冲进汪精卫住宅。动手这一天，汪精卫没有出门，一直在二楼最大的一个屋子里活动。夜幕降临后，6个身怀绝技的暗杀队员见二楼的灯光熄灭，便翻墙入内。他们摸到二楼汪精卫的房间，发现门从里面反锁，无法推开。情急之下，一个特务用手枪猛地将门旁的一扇窗玻璃砸碎，迅速打开强光电筒。在电筒的照射下，他们看见一个光着身子的男人从床上坐起来准备下床，料定

153

刘文岛与德国驻华公使陶德曼

全面抗战爆发不久，发生了由德国出面居间展开调停中日战争的交涉活动，史称陶德曼调停。20世纪30年代起，中德政治、经济、军事交流日渐频繁。国民党聘请许多德国退役的军事专家训练军队，并进口了许多德国装备。德国则从中国进口发展军事工业的稀有金属。1937年，卢沟桥事变后，德国不喜欢中日全面开战影响其在远东的利益，因此出面调停，后因日本开出的条件过于苛刻，而蒋介石又惧于民意，调停最终无果而终。

是汪精卫无疑，于是几支枪一起开火。暗杀队见那人倒在床上，鲜血直流，于是迅速撤离。

到了第二天，河内的报纸上发布消息，暗杀队才知道他们杀的不是汪精卫，而是曾仲鸣夫妇。原来曾仲鸣夫妇由香港到达河内，汪精卫与曾仲鸣夫妇私交甚笃，那晚他鬼使神差地将自己住的大房间让给曾仲鸣，自己住到隔壁一间屋子。特务砸玻璃的时候，睡在床边的曾仲鸣老婆吓得滚到床下，逃过一劫。

走狗的日子不好过

1940年3月30日，汪精卫国民党政府在南京开张，汪精卫担任代理国民政府主席兼行政院长。汪精卫当上日本人的走狗后，日子并不好过。

1943年秋天，日本驻华派遣军总参谋长松井下令汪精卫在一个月内征壮丁20万，三个月内征粮100万石。

汪精卫与板垣征四郎交谈

伪国民政府海军部

汪精卫难以完成，整日为此愁眉苦脸。一天，松井带着武官气势汹汹地到汪精卫办公楼兴师问罪。汪精卫听说松井来，慌忙下楼迎接，匆忙中在楼梯上摔了一跤，正好撞在受过枪伤的脊椎上，当时就站立不稳。

松井见了汪精卫，什么也没有说。松井的武官将自己的左手平放在桌子上，突然一挥刀，将小拇指砍下。武官眉头也不皱一下，对汪精卫说："主席先生，军令大大的。你的违抗，就如这指头一样，死拉死拉的！"

汪精卫受这一惊一吓，随后便昏迷不醒，住进日本陆军医院。汪精卫病情日益严重，以致大小便失禁，头抬不起来。1944年3月送到日本治疗，3个月后在日本一命呜呼。　〉华强

〇五〇

极司菲尔路76号

一座普通住宅，实为人间地狱。群魔乱舞，荼毒生灵，也有狗咬狗的丑剧。

组建"76号"

1939年3月，经过日军与汪精卫等人的一番讨价还价，在上海成立了以丁默邨、李士群为首的特务组织。

李士群原是国民党中统特务，后因不受重用，心怀不满，便投靠日本人，接受日本驻沪大使馆书记清水董三的指挥，成为汪伪特务组织的中坚分子。

丁默邨本是李士群的上司，曾任军统第三处处长，后受戴笠排挤，抗战开始后赋闲在家。在征得清水的同意后，李士群将他拉下水，共同组织汪伪特务组织，还将76号的头把交椅让给丁默邨坐。

这个特务组织既直接归日军特务机关指挥，又系汪伪政权的特工总部。这一特务组织的机构设置是：主任丁默邨，副主任李士群，下设总务科，交际科，警卫大队，第一、二、三行动大队，租界警卫队，直属行动组，招待所，看守所，特务训练班等。此后，该机构不断扩充，增设四处和六个直属组等，如情报处专门在游艺场所、旅馆、茶馆等各处设置情报网，利用各种途径收集情报。

随着规模越来越大，原来的特务组织巢穴从大西路67号，搬到忆定盘路(今江苏路)95弄10号，不久又迁到极司菲尔路(今万航渡路)76号一处花园洋房内，简称"76号"，成为当时

被汪伪76号特工杀害的郑苹如

上海人谈虎色变的特务魔窟。76号伪特工总部所在地的沪西区，也就成为有名的"歹土"。

血案不断

"76号"特工总部成立以后，立即以凶残的恐怖的手段，扑灭抗日爱国活动。

1939年12月12日，夜幕刚刚降临，公共租界南京路一带人来车往，十分热闹。上海著名妇女活动家、共产党员茅丽瑛从南京路、四川路口的福利公司二楼会所走出来，76号的几个特务紧跟上前，举起手枪向她射击，茅丽瑛当场中弹倒在血泊之中。

1940年7月1日，汪精卫亲自下达了对83名爱国人士的"通缉令"，其中不少是新闻界人士，先后遇难的有《大美晚报》中文版主持人张似旭、国际新闻编辑程振璋，大光通信社社长邵虚白、《申报》记者金华亭等。

绑架和撕票也是76号特工的拿手好戏。1940年7月，特务绑架中国化学工业社总经理方液仙勒索巨款，方不屈而死，特务仍不罢休，硬是让家属交出十多万元才交出方的尸体。1941年春，76号特工制造了骇人听闻的一系列银行血案，许多银行职员无辜被杀。6月，爱好

极司菲尔路76号

收藏的盐业银行上海分行经理张伯驹也被汪伪特务绑架，受尽折磨，最后才脱险逃出。

军统曾在上海开展一系列锄奸活动，刺杀了汪伪上海市长傅筱庵、大汉奸张啸林等人，大快人心，有力地震慑了一批意欲附敌者。

日军和汪伪"76号"恼羞成怒，与潜伏在租界的军统特务时常展开激烈的枪战。据统计，仅1939年一年里，在上海租界内发生的各类狙击案中，双方死伤人数达44人之多。由于得到日本人的撑腰，76号大肆招兵买马，特工队伍人数众多、手段凶残毒辣，在上海的军统分子的活动不得不收缩，自此双方的激烈枪战才偃旗息鼓。

李士群之死

汪伪76号名义上以丁默邨为首，实权还是操在李士群手里。他自以为有枪有势，飞扬跋扈、不可一世，甚至与汪伪中的实权人物周佛海发生了激烈的权力争夺。

周佛海是李士群的顶头上司，一贯提携他。周曾兼任汪伪警政部长，后来为了笼络李士群，将自己的位置

丁默邨受审

抗战胜利后，丁默邨与周佛海一起被捕。图为丁在法庭上受审。

让给了他。

李士群升任后，多了一个常务次长的空缺，周佛海推荐自己的堂内侄、伪警政部主任秘书杨树屏递补。在周佛海看来，这是顺理成章的事情。哪知已经坐大的李士群根本不买账，一口回绝，还对人说："佛海真不够漂亮，既送我吃只蹄膀，却又要挖掉一块肉。"气得周佛海咬牙切齿。

即使对日本主子，李士群也不再像以前那样俯首帖耳，暗中在沦陷区抢购粮食和棉花，转卖外地，大发横财。当时上海涌进大批难民，粮食严重不足，米价昂贵，民怨沸腾。日军为了缓和矛盾，要求李士群放宽沦陷区粮食的进沪渠道。李士群说："上海粮食短缺，是因为农村治安不好，大量农村人口才逃往上海。"言下之意是无粮供应上海。

在周佛海的鼓动下，日本人动了杀机。1943年9月6日，日本人在上海百老汇大厦宴请李士群时，暗中投毒，用半只牛肉饼要了李士群的性命。抗战胜利后，丁默邨于1947年2月在南京被枪决。　＞邢建榕

汪精卫在听李士群的报告

聚焦1937年至1945年的中国

强弱对比虽然规定了日本能够在中国有一定时期和一定程度的横行，中国不可避免地要走一段艰难的路程，抗日战争是持久战而不是速决战；然而小国、退步、寡助和大国、进步、多助的对比，又规定了日本不能横行到底，必然要遭到最后的失败，中国决不会亡，必然要取得最后的胜利。

毛泽东

我们被逼迫到忍无可忍的地步，我们现在提着正义的剑，起来了。我们不仅是为争取我们的生存权，为保卫我们的祖国而抗战，我们并且是为保卫全世界的文化和全人类的福祉而抗战。

郭沫若

抗日战争所担负的任务，是把中国从一个历史阶段转化到另一个更高的历史阶段。因此，它是进步的、革命的战争。就因为它的性质，决定了它在其发展过程中必须扫除一切陈旧的腐败的历史因素，创造进步的、崭新的历史因素，把旧的中国转化为新的中国。

翦伯赞

抗日战争的胜利，是中国在战争全局上打败侵略中国的帝国主义的胜利。这个胜利扭转了一百年来中国同帝国主义作战中屡战屡败的局面。这个胜利是除汉奸卖国贼亲日派以外所有中国人的胜利，是中华民族的无上光荣。这个胜利使新民主主义革命的历程大大前进了一步。中国的抗日战争，正如毛泽东所说的，是"战争史上的奇观，中华民族的壮举，惊天动地的伟业"。

白寿彝

抗日战争是中国近百年来反帝斗争取得的第一次完全的胜利，是"战争史上的奇观，中华民族的壮举，惊天动地的伟业"。它证明中华民族是一个具有伟大生命力和凝聚力，充满着反抗精神和爱国主义传统的民族。

陈旭麓

文苑泰斗，学术名家，聚焦于1937年至1945年的中国。他们以宏观或者微观的独到眼光，对抗日战争时期的政治经济和社会文化的各个层面作了深入浅出、鞭辟入里的解析。这些凝聚了高度智慧的学术精华，历经岁月洗礼，常读常新，是我们走进中国历史文化殿堂的引路人。

日本投降对于饱受战争创伤的中国大地当然是一件伟大且令人欣喜的事件。它标志着外国入侵的结束，以及所有中国人的希望：在似乎无穷无尽的苦难和牺牲之后，真正的和平可能终于到来了。

费正清

中国抗日战争的胜利，是近100多年来中华民族在抗击外国侵略的战争中第一次取得全面胜利。中国不仅收回了卢沟桥事变后日本侵占的领土，也收回了"九一八"事变以来日本侵占的中国东北三省和热河国土，并且收复了甲午战争失败后割让给日本的台湾、澎湖列岛，洗雪了国耻。

曾景忠

抗日战争胜利的历史经验证明：中国人民要打败帝国主义的武装侵略，必须建立民族统一战线。在帝国主义大举入侵，中华民族面临生死存亡的紧要关头，中国的进步势力必须抓住民族矛盾这个社会主要矛盾，正确处理民族斗争和阶级斗争的关系，必须团结一切可能团结的力量，结成最广泛的民族统一战线，打击最主要的敌人——外来侵略者。

郭绪印

抗日战争的胜利，有力推动了中国历史的进步。在抗日民族统一战线旗帜下，通过进步政党和抗日救亡团体的宣传和组织，广泛地动员了城乡民众，尤其是乡村农民的抗日力量，广大农民为抗战作出了牺牲和贡献，农民提供的粮食、兵役及其踊跃支前，有力支持了中国的长期抗战。农民在抗战中历尽磨练，其精神面貌和思想观念都发生了变化，他们对抗日、政党和政治的认识与选择，影响了中国的政治格局。

张宪文

图书在版编目（CIP）数据

血肉长城（上）/ 华强著 . —上海：上海锦绣文章出版社，2014 . 2
（话说中国：普及版）
ISBN 978 - 7 - 5452 - 1286 - 0
Ⅰ . ①血… Ⅱ . ①华… Ⅲ . ①中国历史—现代史—1937～1945—通俗读物
Ⅳ . ① K 265 . 09
中国版本图书馆 CIP 数据核字（2013）第 062590 号

责任编辑　　李　欣　赵晋波　汪冬梅
特邀审订　　盛巽昌
特邀审读　　王瑞祥
特邀编辑　　王建玲　侯　磊　刘言秋　李曦曦
整体设计　　袁银昌
装帧设计　　周艳梅
美术编辑　　周艳梅　张独伊　马　楠
印前制作　　北京世典华文文化传媒有限公司　邵海波
印务监制　　张　凯　黄亚儒

书名
血肉长城（上）
　　——1937年至1945年的中国故事
著者
华　强
出版
上海锦绣文章出版社·上海故事会文化传媒有限公司
发行
北京世典华文文化传媒有限公司
电话：010—62870771
传真：010—62874452
地址：北京市海淀区红山口甲 3 号 209 楼 14 号
邮编：100091
公司网址：http://www.sdhwmedia.com
电子邮箱：shidianhuawen@sina.com
印刷
北京爱丽精特彩印有限公司印刷、装订
版次
2014年2月第1版　2016年1月第2次印刷
规格
787 × 1092　1/16　印张 10
书号
ISBN 978 - 7 - 5452 - 1286 - 0/K · 461
定价
38.00元